1.ª edición: enero, 2015

© Sergio Rubin - Francesca Ambrogetti, 2010
© Ediciones B, S. A., 2015
   para el sello B de Bolsillo
   Consell de Cent, 425-427 - 08009 Barcelona (España)
   www.edicionesb.com

Printed in Spain
ISBN: 978-84-9070-018-1
DL B 23632-2014

Impreso por NOVOPRINT
              Energía, 53
              08740 Sant Andreu de la Barca - Barcelona

EL PAPA FRANCISCO
Conversaciones con Jorge Bergoglio

SERGIO RUBIN y FRANCESCA AMBROGETTI

ÍNDICE

NOTA DEL EDITOR

El 13 de marzo de 2013 monseñor Jorge Bergoglio, ahora papa Francisco, fue elegido sucesor de Joseph Ratzinger.

Este libro, publicado inicialmente por Javier Vergara Editor en 2010, es el resultado de una serie de entrevistas periodísticas a Bergoglio cuando este era cardenal consagrado por Juan Pablo II. En él se recoge el testimonio vital del actual pontífice.

PRÓLOGO

Hasta donde mis conocimientos llegan al respecto, esta debe ser la primera vez que un rabino prologa un texto que compila los pensamientos de un sacerdote católico, en dos mil años de historia. Hecho que adquiere más relevancia aún cuando dicho sacerdote es el arzobispo de Buenos Aires, primado de la Argentina y cardenal consagrado por Juan Pablo II.

La misma frase con que se inician estas reflexiones, pero intercambiando el orden de los nombres y sus respectivos títulos, la he manifestado en ocasión de la presentación de un libro de mi autoría, en el 2006, prologado por el cardenal Bergoglio.

No se trata de una devolución de gentilezas, sino de un sincero y exacto testimonio de un profundo diálogo entre dos amigos para quienes la búsqueda de Dios y de la dimensión de espiritualidad que sabe yacer en todo humano, fue y es una preocupación constante en sus vidas.

El diálogo interreligioso, materia que adquirió especial relevancia a partir del Concilio Vaticano II, suele comenzar con una etapa de 'té y simpatía', para pasar luego a la del diálogo que sabe acercar a 'los temas ríspidos'. Con Bergoglio no hubo etapas. El acercamiento comenzó con un intercambio de *ácidas* chanzas acerca de los equipos de fútbol con los que simpatizamos, para pasar inmediatamente a la franqueza del diálogo que sabe de la sinceridad y el respeto. Cada uno le expresaba al otro su visión particular acerca de los múltiples temas que conforman la existencia. No hubo cálculos ni eufemismos, sino conceptos claros, directos. El uno abrió su corazón al otro, tal como define el Midrash a la verdadera amistad (Sifrei Devarim, Piska 305). Podemos disentir, pero siempre el uno se esfuerza por comprender el profundo sentir y pensar del otro. Y con todo aquello que emerge de nuestros valores comunes, los que surgen de los textos proféticos, hay un compromiso que supo plasmarse en múltiples acciones. Más allá de las interpretaciones y críticas que otros pudiesen hacer, caminamos juntos con nuestra verdad, con la compartida convicción que los círculos viciosos que degradan la condición humana pueden ser quebrados. Con la fe que el rumbo de la historia puede y debe ser trocado, que la visión bíblica de un mundo redimido, avizorado por los profetas, no es una mera utopía, sino una realidad alcanzable. Que sólo hace falta de gente comprometida para materializarla.

Este libro es el testimonio de vida de Bergoglio, que más que "El Jesuita" prefiero denominarlo "El Pastor", que lega a los muchos con quienes compartió su senda existencial y especialmente a su grey. Hallará el lector en el mismo, en forma recurrente, las expresiones: "he pecado, ...me he equivocado, ...tales y cuales fueron mis defectos, ...el tiempo, la vida me han enseñado". Aún en los temas ríspidos que hacen a la realidad argentina, a la actuación de la Iglesia en los años oscuros y a su propio accionar, percibirá el lector el relato expuesto con humildad y el constante afán por comprender y sentir al prójimo, especialmente al sufriente.

Habrá quien ha de discrepar con sus apreciaciones, pero más allá de toda crítica plausible todos coincidirán en la ponderación del plafón de humildad y comprensión con que encara cada uno de los temas.

La obsesión de Bergoglio, que cual *leitmotiv* va y viene en todo el libro, puede definirse con los vocablos: encuentro y unidad. Entendiendo éste último como un estado de armonía entre los hombres, en el que cada uno desde su peculiaridad coopera para el crecimiento material y espiritual del otro, inspirado en un sentimiento de amor.

Bergoglio, siguiendo el texto bíblico, centra la base de sus reflexiones en el vocablo "amor", que nos remite, entre otros, a los versículos: "Amarás al Eterno Tu Dios" (Deuteronomio 6: 5), "Amarás a tu prójimo como a ti mismo" (Levítico 19: 18), "Amarás al extranjero como a ti mismo" (Levítico 19: 34). Considerados por el Rabi Akiva (Bereshit Raba, Ed.Vilna, Parashah 24) cual síntesis de todas las enseñanzas de la Tora, y citadas en tal sentido por Jesús, de acuerdo a los textos de los Evangelios (Mateo 22: 34-40, Lucas 10: 25-28). Es el vocablo que define al más excelso de los sentimientos del hombre, el cual le sirve como fuente de inspiración a Bergoglio en la realización de sus acciones y en la conformación de sus mensajes.

Hallará el lector en este texto la visión del cardenal referente a las problemáticas con que se enfrenta la Iglesia católica en el presente, detallando sin reserva alguna y con claro lenguaje crítico sus falencias. Del mismo modo cabe hallar su prédica por la recuperación de los valores en nuestro medio, la que le conllevó a enfrentar situaciones complejas con algunas autoridades gubernamentales que no supieron relacionar la misma con los mensajes de crítica sociopolítica que solían expresar los profetas en su tiempo. El maestro en la fe, de acuerdo a la cosmovisión bíblica, debe expresar su crítica a todos los miembros de la sociedad en la que predica, desde la tribuna del espíritu, la que se encuentra alejada de todo interés partidario. Las falencias sociales que pudo percibir a través de su encuentro con Dios, no pueden permanecer silenciadas en su ser, como lo expresó el profeta: "El Señor, Dios, ha hablado. ¿Quién no ha de profetizar?" (Amós 3: 18).

En mi niñez, mi padre, inmigrante nacido en Polonia, solía llevarnos a mi hermano y a mí a visitar los lugares históricos patrios. Al salir del Cabildo nos hizo observar la imagen que se halla en el frontispicio de la Catedral. Representa el encuentro de José con sus hermanos, nos dijo. Había yo escuchado acerca de las manifestaciones de antisemitismo que habían sufrido mis ancestros en Polonia, por lo que aquella imagen, que coronaba una Iglesia me embargó de esperanza. Llegará un día, pensé, en que cada uno reconozca su hermandad con el prójimo.

Entiendo este libro y muchas de las historias que en él son testimoniadas, cual tributo a esa esperanza, que compartimos hermanadamente desde hace muchos años, que ha enriquecido nuestra espiritualidad y seguramente nos ha acercado a Aquél que ha insuflado el hálito de vida en cada humano.

Rabino Abraham Skorka
Buenos Aires, 23 de Diciembre de 2009.

INTRODUCCIÓN

Cuando Joseph Ratzinger fue elegido sucesor de Juan Pablo II y los periodistas acreditados se abocaron a reconstruir el cónclave, sabían que la tarea sería más que ardua, rayana con lo imposible. Tres juramentos de guardar el secreto de lo que sucedió en la Capilla Sixtina por parte de los 117 cardenales electores, bajo pena de excomunión si se lo violaba, parecían un muro infranqueable. Aún así, uno de los vaticanistas mejor informados, Andrea Tornielli, del cotidiano italiano Il Giornale, escribió en un artículo publicado al día siguiente de producirse el anuncio solemne de la elección del nuevo pontífice —como también lo reveló simultáneamente el diario Clarín— que el jesuita argentino Jorge Mario Bergoglio había tenido una participación descollante. Tornielli —el periodista que, inicialmente, más abundó en detalles— aseguró que Bergoglio obtuvo en la segunda votación de las tres que hubo unos 40 sufragios, un caudal sin precedentes para un purpurado latinoamericano, colocándose inmediatamente después de Ratzinger, el más votado, a la postre Benedicto XVI.

Con el paso del tiempo, otros calificados observadores se hicieron eco de la misma versión. Entre ellos, Vittorio Messori (el periodista y escritor católico más traducido en las últimas décadas, autor del célebre libro *Cruzando el umbral de la esperanza*, una larga conversación con Juan Pablo II, además de otro similar, *Informe sobre la Fe*, con el entonces cardenal Ratzinger), quien señaló: "Es cierto que un cónclave es algo muy secreto, pero siempre algo se sabe. Todos coinciden en que en las primeras votaciones del cónclave, los cardenales Ratzinger y Bergoglio estuvieron prácticamente a la par". Luego de aclarar que no es un vaticanista, sino un estudioso de los temas cristianos y, por lo tanto, no cuenta con información propia, Messori volvió a citar los "comentarios coincidentes" para decir que Bergoglio habría pedido a sus pares que sus votos se volcaran a Ratzinger, el candidato más firme, casi obligado. "Es que se valoraba haber sido la 'mente teológica' de Juan Pablo II, quien mejor representaba su continuidad", completó.

Algunos observadores creen que las chances de Bergoglio crecieron sensiblemente desde que trascendió que otro jesuita, el gran exponente del ala progresista, el cardenal italiano Carlo María Martini, se autoexcluyó de la lista de candidatos por sus problemas de salud. No obstante, no puede perderse de vista que Martini siempre resultó demasiado progresista para los sectores conservadores, mayoritarios en el colegio cardenalicio, como para votarlo. También es cierto que ya a fines de 2002 el prestigioso vaticanista Sandro Magíster había escrito en el relevante semanario italiano L'Espresso que, si en ese momento hubiera un cónclave, Bergoglio cosecharía "una avalancha de votos" que lo consagraría pontífice. "Tímido, esquivo, de pocas palabras, no mueve un dedo para hacerse campaña, pero justamente esto es considerado uno de sus grandes méritos", apuntó sobre el cardenal argentino. Y redondeó: "Su austeridad y frugalidad, junto con su intensa dimensión espiritual, son datos que lo elevan cada vez más a su condición de 'papable'."

El pronóstico de Magister no resultó muy errado. Dicen los vaticanistas —Tornielli en primer lugar— que, tras la segunda votación, Bergoglio parecía abrumado por el creciente número de votos que estaba recibiendo. Y que, en ese momento, decidió dar el paso al costado y pedir que sus sufragios fueran a Ratzinger —quien desde el vamos contaba con más votos— por todo lo que éste encarnaba y para evitar que su candidatura bloqueara la elección y provocara una dilación del cónclave que afectara la imagen de la Iglesia. Una demora podía leerse como un síntoma de desunión de los cardenales ante un mundo que los miraba con enorme expectación. De hecho, empinados miembros de la Santa Sede pronosticaban en los días previos a la elección que, si rápidamente no se elegía a Ratzinger, se corría el riesgo de ir a numerosas votaciones hasta que otro cardenal consiguiera los dos tercios necesarios. Resulta comprensible, pues, que Bergoglio no quisiera cargar con tamaña responsabilidad. De todas maneras, para muchos analistas está claro que terminó teniendo un papel sobresaliente.

Ahora bien, ¿cómo explicar el "fenómeno Bergoglio"? Hay que remontarse, ante todo, al comienzo de este siglo, porque la figura del cardenal argentino era poco conocida entre los altos dignatarios eclesiásticos de lo cinco continentes hasta que una circunstancia especial lo colocó en el centro de sus miradas allá por 2001. Más precisamente en torno al 11 de septiembre. El entonces arzobispo de Nueva York, cardenal Edward Egan, estaba en aquel momento en el Vaticano participando de un sínodo de obispos de todo el mundo y debió viajar a su ciudad para asistir a un homenaje a las víctimas del terrible atentado a las Torres Gemelas, al cumplirse un mes. Su lugar como relator general de la asamblea, un puesto clave, fue ocupado por el cardenal Bergoglio, cuyo desempeño causó una excelente impresión. Todos los observadores coinciden en que ese fue el punto de partida de su proyección internacional. Por lo pronto, fue el más votado entre los 252 padres sinodales de 118 países para integrar el consejo post sinodal en representación del continente americano.

El prestigio de Bergoglio volvería a confirmarse dos años después del cónclave, en ocasión de la V Conferencia General del Episcopado Latinoamericano y el Caribe celebrada en Aparecida, Brasil. Allí fue elegido por amplísima mayoría presidente de la estratégica comisión redactora del documento final, una responsabilidad por demás relevante si se tiene en cuenta que en conferencias similares, como las efectuadas en 1969 en Medellín, Colombia, y 1979 en Puebla, México, surgieron declaraciones de enorme trascendencia para el catolicismo de la región. No fue el único reconocimiento que Bergoglio cosechó en ese encuentro: el día que le tocó oficiar la misa, su homilía suscitó un cerrado aplauso. Ningún otro celebrante fue aplaudido en la misma circunstancia a lo largo de las tres semanas que duró la conferencia. Testigos directos dicen que muchos participantes aprovechaban los descansos para conversar con el cardenal argentino y hasta fotografiarse con él como si fuera un famoso actor o un eximio deportista.

Con todo, cualquiera que haya visto a Bergoglio sabe que no es una figura glamorosa, del estilo que prefieren los programas televisivos. Ni es un orador grandilocuente, con dotes histriónicas, sino de tono más bien bajo, pero de contenido profundo. Además, hasta antes de ser designado obispo auxiliar de Buenos Aires, en 1992, cuando tenía 55 años, era un perfecto *out sider* en la Iglesia, no un sacerdote que venía ascendiendo en la pirámide eclesiástica, *haciendo carrera*.

En aquel tiempo se desempeñaba como confesor de la residencia de la Compañía de Jesús en Córdoba, adonde había sido destinado hacía casi dos años. Fue el entonces arzobispo de Buenos Aires, cardenal Antonio Quarracino, quien —atraído por sus condiciones— lo escogió como uno de sus principales colaboradores (uno de sus obispos auxiliares). Y un año después lo convirtió en el principal, al ungirlo su vicario general. Cuando su salud comenzó a deteriorarse, lo impulsó como su sucesor (el Papa lo nombró arzobispo coadjutor con derecho a sucesión). Al morir Quarracino, en 1998, Bergoglio se convirtió en el primer jesuita al frente de la curia porteña.

Por entonces, Bergoglio ya contaba con un gran ascendiente sobre el clero de la ciudad, sobre todo el más joven. Gustaba su afable cercanía, su simpleza, su sabio consejo. Nada de eso cambiaría con su llegada al principal sillón de la arquidiócesis primada, sede cardenalicia. Habilitaría un teléfono directo para que los sacerdotes pudieran llamarlo a cualquier hora ante un problema. Seguiría pernoctando en alguna parroquia, asistiendo a un sacerdote enfermo, de ser necesario. Continuaría viajando en colectivo o en subterráneo y dejando de lado un auto con chofer. Rechazaría ir a vivir a la elegante residencia arzobispal de Olivos, cercana a la quinta de los presidentes, permaneciendo en su austero cuarto de la curia porteña. En fin, seguiría respondiendo personalmente los llamados, recibiendo a todo el mundo y anotando directamente él las audiencias y actividades en su rústica agenda de bolsillo. Y continuaría esquivando los eventos sociales y prefiriendo el simple traje oscuro con el clerigman a la sotana cardenalicia.

A propósito de su austeridad, cuentan que, cuando se anunció que sería creado cardenal, en 2001, no quiso comprar los atuendos de su nueva condición, sino adaptar los de su antecesor. Y que, ni bien se enteró de que algunos fieles proyectaban viajar a Roma para acompañarlo en la ceremonia en la que Juan Pablo II le entregaría los atributos de purpurado, los exhortó a que no lo hicieran y a que donaran el dinero del viaje a los pobres. Dicen también que en una de sus frecuentes visitas a las villas de emergencia de Buenos Aires, durante una charla con cientos de hombres de la parroquia de Nuestra Señora de Caacupé, en el asentamiento del barrio de Barracas, un albañil se levantó y le dijo conmovido: "Estoy orgulloso de usted, porque cuando venía para acá con mis compañeros en colectivo lo vi sentado en uno de los últimos asientos, como uno más; se lo dije a ellos, pero no me creyeron." Desde entonces, Bergoglio se ganó para siempre un lugar en el corazón de aquella gente humilde y sufrida. "Es que lo sentimos como uno de nosotros", explicaron.

Muchos recuerdan también por aquella época su gestión para detener la represión en Plaza de Mayo, durante el estallido social de diciembre de 2001. Fue cuando, al ver desde su ventana en la sede del arzobispado cómo la policía cargaba sobre una mujer, tomó el teléfono, llamó al ministro del Interior, pero fue atendido por el secretario de Seguridad, a quien le pidió que se diferenciara entre los activistas que producían desmanes y los simples ahorristas que reclamaban por sus dineros retenidos en los bancos. Eran los tiempos en que Bergoglio iba ascendiendo en la estructura eclesiástica nacional hasta que, en 2004, sería elegido presidente de la Conferencia Episcopal (fue reelecto en 2007), liderando una línea moderada, distante de los poderes y con marcada preocupación social, mayoritaria desde hacía ya un tiempo en una Iglesia de tradición conservadora. Una corriente que había sido muy crítica del neoliberalismo de los años noventa y las recetas del FMI y que siempre objetó el pago de la deuda externa sobre la base del sacrificio de los que menos tienen.

Es fácil detectar en los pronunciamientos de Bergoglio previos al colapso de principios de siglo su preocupación por el desenlace del deterioro de la situación del país.

Sus mensajes en los Tedeum del 25 de Mayo —que convirtió en una suerte de cátedra cívica de gran resonancia— fueron por demás elocuentes. Como aquél de 2000, cuando Fernando De la Rúa llevaba poco más de cinco meses como presidente, ocasión en la que dijo: "A veces me pregunto si no marchamos, en ciertas circunstancias de la vida de nuestra sociedad, como un triste cortejo, y si no insistimos en ponerle una lápida a nuestra búsqueda como si camináramos a un destino inexorable, enhebrado de imposibles, y nos conformamos con pequeñas ilusiones desprovistas de esperanza. Debemos reconocer, con humildad, que el sistema ha caído en un amplio cono de sombra: la sombra de la desconfianza, y que algunas promesas y enunciados suenan a cortejo fúnebre: todos consuelan a los deudos, pero nadie levanta al muerto."

Pasado lo peor de la crisis, en el oficio patrio de 2003, delante de Néstor Kirchner, que horas antes había asumido la presidencia, llamó a todos a "ponerse la patria al hombro" para hacer grande al país.

Sin embargo, su homilía del Tedeum del año siguiente fue la que terminaría teniendo mayores consecuencias políticas. Entre otros muchos conceptos, Bergoglio destacó que los argentinos "somos prontos para la intolerancia", criticó a "los que se sienten tan incluidos que excluyen a los demás, tan clarividentes que se han vuelto ciegos" y advirtió que "copiar el odio y la violencia del tirano y del asesino es la mejor forma de ser su heredero". Al día siguiente, su entonces vocero, el presbítero Guillermo Marcó, aclaró que las palabras del arzobispo estaban dirigidas a toda la sociedad, incluido el Gobierno y la propia Iglesia y que, en todo caso, "al que le quepa el sayo, que se lo ponga". Pero Kirchner se mostró muy molesto y decidió no asistir más a un Tedeum oficiado por Bergoglio. Y en un hecho sin precedentes en 200 años de historia argentina, trasladó el oficio patrio a capitales de provincia. Salvo un encuentro circunstancial —un homenaje a los religiosos palotinos masacrados durante la última dictadura— nunca más Kirchner y Bergoglio se vieron cara a cara.

A su vez, el cardenal fue el blanco —sobre todo en torno al cónclave que lo tenía como uno de los grandes papables— de una persistente denuncia periodística que lo acusaba de haber virtualmente "entregado" a dos sacerdotes de su orden que trabajaban en una villa de emergencia a un comando de la Marina durante la última dictadura militar, cuando era el provincial de los jesuitas en la Argentina. Para el autor de la denuncia, Bergoglio —mientras ocupó ese cargo— buscó también desplazar a todos los miembros progresistas de la Compañía de Jesús.

En cambio, otros observadores consideran todo lo contrario: que con su actuación logró salvar la vida a los dos sacerdotes y sortear, además, una crisis extrema en su comunidad religiosa, producto de la fuerte ideologización de la época. "Fue un momento muy difícil de la Compañía de Jesús, pero si no hubiera estado él al frente, las dificultades hubieran sido mayores", acotó una vez el reputado Ángel Centeno, dos veces secretario de Culto.

Para muchos dirigentes que lo frecuentan, Bergoglio es el hombre del encuentro personal, que cautiva con su trato y deslumbra con sus orientaciones. Para la gente común que, por una u otra razón, entra en contacto con él, es la persona sencilla y cálida, plena de gestos de consideración, grandes y pequeños. Para no pocos que conocen íntimamente su pensamiento religioso, es el sacerdote empeñado en que la Iglesia salga al encuentro de la gente con un mensaje comprensivo y entusiasta; el religioso dotado de una aguda intuición que lo llevaría a traer de Alemania un cuadro de la llamada Virgen que desata los nudos, cuya veneración se transformaría en un verdadero fenómeno de devoción popular en Buenos Aires; el pastor, en fin, respetuoso de la ortodoxia doctrinal y la disciplina eclesiástica, pero igualmente dueño de una concepción moderna y a la vez profundamente espiritual de ser Iglesia y vivir el Evangelio en la desafiante sociedad actual.

Pero ¿quién es, realmente, este descendiente de italianos, nacido en Buenos Aires en 1936, que egresó de la secundaria como técnico químico y a los 21 años decidió abrazar su vocación religiosa? ¿Quién es este jesuita que se ordenó a los 33 años, es profesor de literatura y psicología, licenciado en teología y filosofía y dominador de varios idiomas? ¿Quién es este religioso que fue profesor del colegio de la Inmaculada

Concepción, de Santa Fe (1964-1965); provincial, entre sus jóvenes 36 y 43 años, de la Compañía de Jesús en el país (1973-1979) y rector del colegio Máximo, de San Miguel (1980-1986)? ¿Quién es este sacerdote que fue confesor de la comunidad en el colegio Del Salvador, de Buenos Aires (1986-1990), con un interregno el primer año de seis meses en Alemania, donde completó su tesis sobre el eminente teólogo y filósofo católico Romano Guardini, un fogonero de la renovación eclesial que se plasmaría en el Concilio Vaticano II?

¿Quién es este docente que llevaba a sus clases a Jorge Luis Borges y le hacía leer los cuentos de sus alumnos? ¿Quién es este pastor convencido de que debe pasarse de una Iglesia "reguladora de la fe" a una Iglesia "transmisora y facilitadora de la fe"? ¿Quién es este ministro religioso que, desde un modesto lugar en una residencia jesuita de Córdoba, pasó a convertirse en pocos años en arzobispo de Buenos Aires, cardenal primado de la Argentina y presidente del Episcopado? ¿Quién es, en definitiva, este argentino de vida casi monacal que estuvo cerca de ser Papa?

Pese al apotegma que dice que es difícil conocer qué piensa un jesuita —y teniendo en cuenta cierta aura enigmática que acompaña al personaje—, este libro procura responder a esos interrogantes a partir, centralmente, de una serie de encuentros mantenidos con el cardenal Bergoglio a lo largo de más de dos años en la sede del arzobispado porteño.

No fue fácil convencerlo de que accediera. "Las entrevistas periodísticas no son mi fuerte", suele decir. De hecho, en el primer encuentro sólo consintió, inicialmente, que se glosaran sus homilías y mensajes. Cuando, finalmente, aceptó no puso condiciones, aunque sí cierta resistencia a hablar de sí mismo frente a nuestro intento de mostrar su costado más humano y su dimensión espiritual. Y todos los encuentros terminaron invariablemente con un cardenal manifestando su duda sobre la utilidad del cometido: "¿Creen que lo que dije puede resultar útil?"

No existió la pretensión de agotar los temas que se le plantearon. Sólo la de obtener una aproximación al pensamiento de un ser sensible y a la vez firme y muy agudo, que pasó a ser un referente clave de la Iglesia en el mundo. Sus respuestas refieren a un país en recurrentes crisis, a una Iglesia llena de desafíos y a una sociedad que busca, muchas veces inconscientemente, saciar su sed de trascendencia. A hombres y mujeres que quieren encontrar sentido a sus vidas, amar y ser amados y alcanzar la felicidad. Son, en síntesis, una invitación a pensar con la mirada puesta en lo más alto.

Francesca Ambrogetti
Sergio Rubin

CAPÍTULO UNO

La abuela Rosa y su tapado con cuello de zorro

Hacía mucho calor la mañana de enero de 1929 en que la familia Bergoglio desembarcó en el puerto de Buenos Aires. Su llegada no pasó para nada desapercibida. Ocurre que encabezaba el grupo una elegante señora vestida con un abrigo con cuello de zorro, por cierto magnífico, pero totalmente inadecuado para el sofocante y húmedo verano porteño. No era una estrafalaria ocurrencia de su portadora: en el forro de la prenda, Rosa Bergoglio llevaba el producto de la venta de los bienes que la familia poseía en Italia y con el que contaban para comenzar su nueva vida en la Argentina. Las transacciones se habían demorado mucho más de lo previsto, circunstancia que, probablemente, les terminó salvando la vida. Es que los Bergoglio tenían pasajes para viajar desde Génova bastante antes en el tristemente famoso buque Principessa Mafalda, precisamente en el que sería su último viaje dado que, por una severa avería, se le perforó su casco y se hundió al norte de Brasil, cobrándose cientos de vidas. Finalmente, se embarcaron en el Giulio Cesare.

Provenían del norte de Italia, del Piamonte, de un pueblo llamado Portacomaro. Dejaban atrás un continente donde aún no habían cicatrizado del todo las heridas de la Primera Guerra Mundial y ya se empezaba a temer seriamente que podría estallar otra, una Europa con muchas carencias económicas. Llegaban a un país alejado de aquellas conflagraciones y las tensiones, que ofrecía la promesa de fuentes de trabajo al parecer inagotables, salarios mejores, posibilidad de acceso a la educación para todos y gran movilidad social. En otras palabras, llegaban a un país de paz y progreso. A diferencia de la mayoría de los inmigrantes, que al llegar se alojaban inicialmente en el emblemático Hotel de los Inmigrantes, junto al puerto, los Bergoglio siguieron viaje a la capital entrerriana, donde los aguardaban ansiosos los familiares.

Los orígenes de la familia del cardenal, su venida al país, el recuerdo de sus padres y las vivencias de su niñez figuraban en el temario de la primera reunión con Bergoglio, concretada en la sala de audiencias del arzobispado porteño, que sería a partir de entonces el ámbito de todos nuestros encuentros. Ni bien le mencionamos nuestras inquietudes, los recuerdos le surgieron en el acto: aquel fallido viaje en el Principesca Mafalda, la llegada al puerto del grupo familiar —entre ellos, su futuro padre, que por entonces tenía 24 años—, el episodio de su abuela con el tapado de zorro, los comienzos en la capital de Entre Ríos…

—¿Por qué su familia emigró a la Argentina?

—Tres hermanos de mi abuelo estaban acá desde el año 1922 y habían creado una empresa de pavimentos en Paraná. Allí levantaron el palacio Bergoglio, de cuatro pisos, que fue la primera casa de la ciudad que contó con ascensor. Tenía una cúpula muy linda, parecida a la de la confitería El Molino de

Buenos Aires, que después fue sacada del edificio. En cada piso vivía un hermano. Con la crisis de 1932 se quedaron sin nada y tuvieron que vender hasta la bóveda de la familia. Uno de mis tíos abuelos, el presidente de la firma, ya había muerto de cáncer, otro empezó de nuevo y le fue muy bien, el menor se fue a Brasil y mi abuelo pidió prestados 2.000 pesos y compró un almacén. Papá, que era contador y que en la pavimentadora trabajaba en la administración, lo ayudaba haciendo el reparto de la mercadería con una canasta, hasta que consiguió un puesto en otra empresa. Empezaron de nuevo con la misma naturalidad con que habían venido. Creo que eso demuestra la fuerza de la raza.

—¿En Italia estaban mal?

—No, en realidad no. Mis abuelos tenían una confitería, pero quisieron venir para reunirse con sus hermanos. Eran seis en total y en Italia quedaron dos, un hermano y una hermana.

—El concepto de mantener unida la familia es muy europeo y, especialmente, muy italiano...

—Es cierto. En mi caso, fui el que más asimilé las costumbres porque fui incorporado al núcleo de mis abuelos. Cuando yo tenía 13 meses, mamá tuvo mi segundo hermano; somos en total cinco. Los abuelos vivían a la vuelta y para ayudar a mamá, mi abuela venía a la mañana a buscarme, me llevaba a su casa y me traía a la tarde. Entre ellos hablaban piamontés y yo lo aprendí. Querían mucho a todos mis hermanos, por supuesto, pero yo tuve el privilegio de participar del idioma de sus recuerdos.

—¿Cuánta nostalgia sentían sus mayores?

—A papá jamás le vi una señal de nostalgia, lo que implica que experimentaba ese sentimiento, porque por algo lo negaba. Por ejemplo, nunca hablaba piamontés conmigo, sí con los abuelos. Era algo que tenía encapsulado, que había dejado atrás; prefería mirar hacia adelante. Recuerdo que una vez yo estaba contestando, en un italiano bastante defectuoso, una carta de una profesora de papá que me había escrito al seminario. Le pregunté cómo se escribía una palabra y lo noté impaciente. Me contestó rápido, como para terminar la conversación y se fue. Parecía que acá no quería hablar de lo de allá, aunque sí lo hacía con mis abuelos.

—Hay quienes dicen que Buenos Aires no mira hacia el río porque como fue construida, en buena medida, por inmigrantes que sufrieron el desgarro de la partida y el desarraigo, ellos preferían orientarla hacia la pampa, que significaba el futuro.

—El origen de la palabra nostalgia —del griego *nostos algos*— tiene que ver con el ansia por volver al lugar; de esto habla la Odisea. Esa es una dimensión humana. Lo que hace Homero a través de la historia de Ulises es marcar el camino de regreso al seno de la tierra, al seno materno de la tierra que nos dio la luz. Considero que hemos perdido la nostalgia como dimensión antropológica. Pero también la perdimos a la hora de educar, por ejemplo, en la nostalgia del hogar. Cuando guardamos a los mayores en los geriátricos con tres bolitas de naftalina en el bolsillo, como si fueran un tapado o un sobretodo, de alguna manera tenemos enferma la dimensión nostálgica porque, encontrarse con los abuelos, es asumir un reencuentro con nuestro pasado.

—Algo propio de todo inmigrante…

—Ciertamente. Todo inmigrante, no sólo el italiano, se enfrenta a esta tensión. Un gran maestro de la nostalgia, el poeta alemán Friedrich Hölderlin, tiene una obra muy linda que le dedicó a su abuela cuando ella cumplió 78 años, que empieza: "Viviste muchas cosas... Oh gran madre... viviste muchas cosas... " y que termina: "Que el hombre no defraude lo que de niño te prometió". Recuerdo muy bien esto porque tengo una especial devoción por mi abuela, por todo lo que me dio en los primeros años de vida y así se lo reconozco en uno de mis libros. Admiro mucho también a Nino Costa, que hablando de los piamonteses tiene estrofas muy románticas que vienen a colación.

Bergoglio nos recitó de memoria y, con mucha emoción, una de ellas en piamontés y, luego, la tradujo al castellano:

Ma 'l pi dle volte na stagiôn perduva
o na frev o 'n malheur dël só mesté
a j'ancioda'nt'na tomba patanuva
spersa 'nt'un camposantô foresté

La mayoría de las veces perduraba en el sitio,
en el calor, en el éxito y fracaso de su trabajo
y terminaba en una tumba
en un campo santo arbolado.

Y redondeó: "La nostalgia poética que expresa aquí Nino radica en el haber querido, pero no haber podido volver. También hay una notable reflexión sobre la nostalgia de la migración en el libro *Il grande esodo* de Luigi Orsenigo."

—¿Cómo se conocieron sus padres?

—Se conocieron en 1934 en misa, en el oratorio salesiano de San Antonio, en el barrio porteño de Almagro, al que pertenecían. Se casaron al año siguiente. Ella era hija de una piamontesa y de un argentino descendiente de genoveses. Me acuerdo mucho de uno de esos tíos abuelos, que era un viejo pícaro, y que nos enseñaba a cantar cantitos medio subiditos de tono en dialecto genovés. Por eso, lo único que sé en genovés son cosas irreproducibles.

—¿Jugaba con sus padres?

—Sí, a la brisca y otros juegos de naipes. Como papá jugaba al básquet en el club San Lorenzo, nos llevaba a veces. Con mamá escuchábamos los sábados a las dos de la tarde las óperas que pasaba Radio del Estado (hoy Radio Nacional). Nos hacía sentar alrededor del aparato y, antes de que comenzara la ópera, nos explicaba de qué trataba. Cuando estaba por empezar alguna aria importante, nos decía: "Escuchen bien, que va a cantar una canción muy linda." La verdad es que estar con mamá, los tres hermanos mayores, los sábados a las dos de la tarde, gozando del arte, era una hermosura.

—¿Se portaban bien? No es algo fácil para un chico conectarse con una ópera…

—Si… bueno. A veces en la mitad empezábamos a dispersarnos, pero ella nos mantenía la atención, porque durante el desarrollo continuaba con sus explicaciones. En Otelo, nos avisaba: "Escuchen bien, ahora la mata." Esas son las cosas que recuerdo de mi niñez: la presencia de los abuelos, como dije, cuya figura se fue desdibujando en la sociedad y que ahora, por la crisis económica, vuelve a aparecer, porque se los necesita para cuidar a los chicos. Y, sobre todo, recuerdo a papá y mamá compartiendo con nosotros, jugando… cocinado…

—¿Cocinando?

—Me explico: mamá quedó paralítica después del quinto parto, aunque con el tiempo se repuso. Pero, en ese lapso, cuando llegábamos del colegio la encontrábamos sentada pelando papas y con todos los demás ingredientes dispuestos. Entonces, ella nos decía cómo teníamos que mezclarlos y cocinarlos, porque nosotros no teníamos idea: "Ahora, pongan esto y esto otro en la olla y aquello en la sartén…", nos explicaba. Así aprendimos a cocinar. Todos sabemos hacer, por lo menos, milanesas.

—¿Cocina actualmente?

—No, no tengo tiempo. Pero cuando vivía en el colegio Máximo, de San Miguel, como los domingos no había cocinera, yo cocinaba para los estudiantes.

—¿Y cocina bien?

—Bueno, nunca maté a nadie…

CAPÍTULO DOS

"Conviene que comiences a trabajar…"

Cuando terminó la escuela primaria, su padre lo llamó y le dijo: "Mirá, como vas a empezar el secundario, conviene que también comiences a trabajar; en las vacaciones te voy a conseguir algo". Jorge, con apenas 13 años, lo miró un tanto desconcertado. En su casa vivían bien con el sueldo de su papá, que era contador. "No nos sobraba nada, no teníamos auto ni nos íbamos a veranear, pero no pasábamos necesidades", aclara. De todas formas, aceptó obediente.

Al poco tiempo estaba trabajando en una fábrica de medias que atendía el estudio contable donde se desempeñaba su padre. Durante los dos primeros años, realizó tareas de limpieza. En el tercero le dieron trabajos administrativos y, a partir del cuarto año, su rumbo laboral y el tiempo dedicado cambiaron.

Como concurría a un colegio industrial, especializado en química de la alimentación, consiguió entrar en un laboratorio, donde trabajaba entre las 7 y las 13. Apenas le quedaba una hora para almorzar antes de asistir a clase hasta las 20.

Más de medio siglo después, evalúa que aquel trabajo —que siguió realizando tras concluir el secundario— terminó siendo muy valioso para su formación.

"Le agradezco tanto a mi padre que me haya mandado a trabajar. El trabajo fue una de las cosas que mejor me hizo en la vida y, particularmente, en el laboratorio aprendí lo bueno y lo malo de toda tarea humana", subraya. Con tono nostálgico, agrega: "Allí tuve una jefa extraordinaria, Esther Balestrino de Careaga, una paraguaya simpatizante del comunismo que años después, durante la última dictadura, sufrió el secuestro de una hija y un yerno, y luego fue raptada junto con las desaparecidas monjas francesas: Alice Domon y Léonie Duquet, y asesinada. Actualmente, está enterrada en la iglesia de Santa Cruz. La quería mucho. Recuerdo que cuando le entregaba un análisis, me decía: 'Ché… ¡qué rápido que lo hiciste!'. Y, enseguida, me preguntaba: '¿Pero este dosaje lo hiciste o no?' Entonces, yo le respondía que para qué lo iba a hacer si, después de todos los dosajes de más arriba, ése debía dar más o menos así. 'No, hay que hacer las cosas bien', me reprendía. En definitiva, me enseñaba la seriedad del trabajo. Realmente, le debo mucho a esa gran mujer."

Esa evocación sirvió de disparador para el tema de la nueva charla: el trabajo.

—Seguramente, a lo largo de su vida sacerdotal lo habrá venido a ver mucha gente desocupada. ¿Cuál es su experiencia?

—Claro, mucha. Son gente que no se siente persona. Y que, por más que sus familias y sus amigos los ayuden, quieren trabajar, quieren ganarse el pan con el sudor de su frente. Es que, en última instancia, el trabajo unge de dignidad a una persona. La unción de dignidad no la otorga ni el abolengo, ni la formación familiar, ni la educación. La dignidad como tal sólo viene por el trabajo. Comemos lo que ganamos, mantenemos a nuestra familia con lo que ganamos. No interesa si es mucho o poco. Si es más, mejor. Podemos tener una fortuna, pero si no trabajamos, la dignidad se viene abajo. Un ejemplo típico es el del inmigrante que llega sin nada, lucha, trabaja y en una de ésas "hace la América". Pero, cuidado, porque con el hijo o el nieto puede empezar la decadencia si no está educado en el trabajo. Por eso, los inmigrantes no toleraban al hijo o al nieto vago: lo hacían trabajar. ¿Puedo contar algo que viene a cuento?

—Claro…

—Recuerdo el caso de una familia porteña de ascendencia vasca. Corrían los años setenta y el hijo estaba muy metido en la protesta social. El padre era un ganadero de aquéllos. Entre ambos había problemas ideológicos serios. Como los dos respetaban mucho a un sacerdote anciano, lo invitaron a comer para que los ayudara a resolver el conflicto. El sacerdote fue, los escuchó pacientemente y al final, como viejo sabio que era, les dijo: "El problema es que ustedes se olvidaron del calambre." Padre e hijo, desconcertados, le preguntaron: "¿Qué calambre?" Y el sacerdote les respondió, mientras los iba señalando: "¡Del calambre de tu padre y del calambre de tu abuelo, producto de levantarse todos los días a las cuatro de la madrugada para ordeñar las vacas!"

—Ciertamente, el sacrificio hace ver las cosas de otra manera.

—Por lo pronto, nos aleja de las teorizaciones estériles. El padre se había entregado, digamos, al establishment y el hijo se había abrazado con fuerza a otra ideología, porque ambos se olvidaron del trabajo. El trabajo abre una puerta de realismo y constituye un claro mandato de Dios: "Crezcan,

multiplíquense y dominen la tierra…" O sea, sean señores
de la tierra: trabajen.

—Pero la peor parte la llevan los que quieren trabajar y
no pueden.

—Lo que pasa es que el desocupado en sus horas de soledad, se siente miserable, porque "no se gana la vida". Por eso,
es muy importante que los gobiernos de los diferentes países,
a través de los ministerios competentes, fomenten una cultura del trabajo, no de la dádiva. Es verdad que en momentos de
crisis hay que recurrir a la dádiva para salir de la emergencia,
como la que los argentinos vivimos en 2001. Pero después hay
que ir fomentando fuentes de trabajo porque, y no me canso
de repetirlo, el trabajo otorga dignidad.

—Pero la escasez de trabajo comporta un desafío enorme.
De hecho, algunos hablan del "fin del trabajo"…

—A ver… En la medida en que menos personas trabajan,
menos personas consumen. El hombre interviene cada vez
menos en la producción, pero es al mismo tiempo quien va a
comprar los productos. Pareciera que esto se perdió un poco
de vista. Creo que no se están explorando trabajos alternati-
vos. Incluso, hay países con una previsión social elaborada
que, al considerar que no se les puede dar trabajo a todos,
disminuyen los días laborales o las horas de trabajo con el
argumento de que la gente tenga más "ocio gratificante".
Pero el primer escalón es la creación de fuentes de trabajo.
No nos olvidemos que la primera encíclica social (Rerum
Novarum) nació a la sombra de la Revolución Industrial,
cuando comenzaron los conflictos y no surgieron dirigentes
con la capacidad para crear alternativas.

—En la otra punta está el problema del exceso de trabajo… ¿Habría que recuperar el sentido del ocio?

—Su recto sentido. El ocio tiene dos acepciones: como vagancia y como gratificación. Junto con la cultura del trabajo, se debe tener una cultura del ocio como gratificación. Dicho de otra manera: una persona que trabaja debe tomarse un tiempo para descansar, para estar en familia, para disfrutar, leer, escuchar música, practicar un deporte. Pero esto se está destruyendo, en buena medida, con la supresión del descanso dominical. Cada vez más gente trabaja los domingos como consecuencia de la competitividad que plantea la sociedad de consumo. En esos casos, nos vamos al otro extremo: el trabajo termina deshumanizando. Cuando el trabajo no da paso al sano ocio, al reparador reposo, entonces esclaviza, porque uno no trabaja ya por la dignidad, sino por la competencia. Está viciada la intención por la cual estoy trabajando.

—Y, obviamente, resiente la vida familiar…

Por eso, una de las cosas que siempre les pregunto, en la confesión, a los padres jóvenes es si juegan con sus hijos. A veces, se sorprenden porque no esperan una pregunta como ésa y admiten que nunca se la habían formulado. Muchos de ellos se van a trabajar cuando sus hijos aún no despertaron y vuelven cuando ya están durmiendo. Y los fines de semana, vencidos por el cansancio, no los atienden como debieran hacerlo. El sano ocio supone que la mamá y el papá jueguen con sus hijos. Entonces, el sano ocio tiene que ver con la dimensión lúdica, que es profundamente sapiencial. El libro de la Sabiduría expresa que, en su sapiencia, Dios jugaba. En cambio, el ocio como vagancia es la negación del trabajo. Una milonga que cantaba Tita Merello dice: "che fiaca, salí de la catrera".

—Pero no es fácil encontrar el equilibrio. Uno puede quedar fácilmente "fuera de carrera".

—Es cierto. La Iglesia siempre señaló que la clave de la cuestión social es el trabajo. El hombre trabajador es el centro. Hoy, en muchos casos, esto no es así. Se lo echa fácilmente si no rinde lo previsto. Pasa a ser una cosa, no se lo tiene en cuenta como persona. La Iglesia denunció, en las últimas décadas, una deshumanización del trabajo. No nos olvidemos que una de las principales causas de suicidio es el fracaso laboral en el marco de una competencia feroz. Por eso, no hay que mirar el trabajo solamente desde lo funcional. El centro no es la ganancia, ni el capital. El hombre no es para el trabajo, sino el trabajo para el hombre.

CAPÍTULO TRES

"Lo estás imitando
a Jesús"

Fueron tres días terribles en los que se debatió entre la vida y la muerte. En un momento en que volaba de fiebre, Jorge Bergoglio —que tenía por entonces 21 años— abrazó a su madre y le preguntó desesperado:

"¿Decime qué me pasa?" Ella no sabía qué responder, porque los médicos estaban desconcertados. Finalmente, le diagnosticaron una pulmonía grave. Como se le detectaron tres quistes, cuando su estado fue controlado y pasó un tiempo prudencial, debió ser sometido a una ablación de la parte superior del pulmón derecho.

Todos los días había que hacerle circular suero para lavar la pleura y las cicatrices. Eran los tiempos en que las sondas se conectaban a una canilla para que succionaran con el leve vacío que produce el chorro de agua. Los dolores eran tremendos.

A Bergoglio le molestaban las palabras de circunstancias, que muchos le decían, tales como "ya va a pasar" o "qué lindo va a ser cuando vuelvas a tu casa". Hasta que una visitante escapó de las frases hechas y, realmente, lo reconfortó.

Era una monja a la que siempre recordaba desde que lo había preparado para recibir la primera comunión, la Hermana Dolores. "Me dijo algo que me quedó muy grabado y que me dio mucha paz: 'lo estás imitando a Jesús'", evocó el cardenal. No hizo falta que nos aclarara que el concepto de la religiosa fue, para él, una excelente lección de cómo debe afrontarse cristianamente el dolor.

Lo pormenorizado del relato, su tono de voz más pausado que lo habitual, nos permitió inferir la huella que le dejó el haberse enfrentado con la muerte siendo tan joven. Desde entonces, sobrelleva una deficiencia pulmonar que, si bien no lo condiciona severamente, le marca un límite humano. Seguramente, aquel episodio fortaleció su discernimiento de lo importante y lo accesorio de la vida. Y robusteció su fe. ¿Puede ser el dolor, entonces, una bendición si se lo asume cristianamente? Bergoglio puso las cosas en estos términos: "El dolor no es una virtud en sí mismo, pero sí puede ser virtuoso el modo en que se lo asume. Nuestra vocación es la plenitud y la felicidad y, en esa búsqueda, el dolor es un límite. Por eso, el sentido del dolor, uno lo entiende en plenitud a través del dolor de Dios hecho Cristo."

Al abundar sobre cómo afrontamos las distintas situaciones, le vino a la mente un diálogo entre un agnóstico y un creyente del novelista francés Joseph Malègue. Es aquel en que el agnóstico decía que, para él, el problema era si Cristo no fuera Dios, mientras que para el creyente consistía en qué pasaría si Dios no se hubiera hecho Cristo, o sea, que Dios no hubiese venido a dar sentido al camino. "Por eso —consideró— la clave pasa por entender la cruz como semilla de resurrección. Todo intento por sobrellevar el dolor arrojará resultados parciales, si no se fundamenta en la trascendencia.

Es un regalo entender y vivir el dolor en plenitud. Más aún: vivir en plenitud es un regalo."

—¿Pero la Iglesia no insiste demasiado con el dolor como camino de acercamiento a Dios y poco en la alegría de la resurrección?

—Es cierto que en algún momento se exageró la cuestión del sufrimiento. Me viene a la mente una de mis películas predilectas, *La fiesta de Babette*, donde se ve un caso típico de exageración de los límites prohibitivos. Sus protagonistas son personas que viven un exagerado calvinismo puritano, a tal punto que la redención de Cristo se vive como una negación de las cosas de este mundo. Cuando llega la frescura de la libertad, del derroche en una cena, todos terminan transformados. En verdad, esa comunidad no sabía lo que era la felicidad. Vivía aplastada por el dolor. Estaba adherida a lo pálido de la vida. Le tenía miedo al amor.

—Pero el principal emblema del catolicismo es un Cristo crucificado que chorrea sangre...

—La exaltación del sufrimiento en la Iglesia depende mucho de la época y de la cultura. La Iglesia representó a Cristo según el ambiente cultural del momento que se vivía. Si se observan los íconos orientales, los rusos, por ejemplo, se comprueba que son pocas las imágenes del crucificado doliente. Más bien se representa la resurrección. En cambio, si echamos un vistazo al barroco español o al cuzqueño, nos encontramos con Cristos de la paciencia todos despedazados, porque el barroco enfatizaba la pasión de Jesús. La Crucifixión Blanca, de Chagall, que era un creyente judío, no es cruel, es esperanzadora. El dolor se muestra allí con serenidad. A mi juicio, es una de las cosas más bellas que pintó.

Llegados a este punto, Bergoglio apeló a un giro risueño, acaso para distender la charla.

—¿Puedo contar un cuento que viene a colación?, preguntó.

—Claro.

—Trata acerca de un chico judío a quien echaban de todas las escuelas por indisciplinado hasta que otro judío le recomienda al padre un "buen colegio de curas". Y lo anima diciéndole que, seguramente, allí lo van a enderezar. El padre acepta el consejo. Es así como pasa el primer mes y el chico se comporta muy bien, no tiene ninguna amonestación. Tampoco tiene problemas de conducta en los siguientes meses. El padre, ganado por la curiosidad, va a ver al rector para saber cómo había logrado encarrilarlo. "Fue muy sencillo", le responde el sacerdote. "El primer día lo tomé de una oreja y le dije señalándole el crucifico: 'Ese era judío como vos; si te portás mal, te va a pasar lo mismo'."

(Risas) Sin embargo, no nos dimos por vencidos con nuestro argumento e insistimos.

—Pero usted no puede negar que la Iglesia destacó en sus dos milenios el martirio como camino hacia la santidad.

—Debemos hacer una aclaración: hablar de mártires significa hablar de personas que dieron testimonio hasta el final, hasta la muerte. Decir que mi vida "es un martirio" debería significar que "mi vida es un testimonio". Pero, actualmente, esta idea se asocia con lo cruento. No obstante, por el tramo final de la vida de algunos testigos, la palabra pasó a ser sinónimo de dar la vida por la fe. El término, si se me permite la expresión, fue "achicado". La vida cristiana es dar testimonio con alegría, como lo hacía Jesús. Santa Teresa decía que un santo triste es un triste santo.

—¿Dar testimonio de alegría aún cuando la Iglesia invite a la penitencia y al sacrificio como forma de expiación?

—Claro que sí. Se puede hacer ayuno y otras formas de privación e ir progresando espiritualmente sin perder la paz y la alegría. Pero cuidado, tampoco puedo caer en la herejía del pelagianismo, en una forma de autosuficiencia, según la cual yo me santifico si hago penitencia y, entonces, todo pasa a ser penitencia. En el caso del dolor, el problema es que, en ciertas oportunidades, está mal llevado. De todas maneras, no soy muy amigo de las teorizaciones delante de personas que atraviesan momentos duros. Me viene a la mente el pasaje evangélico de la samaritana que había tenido cinco fracasos matrimoniales y no los podía asumir. Y que, cuando se encuentra con Jesús y le empieza a hablar de teología, el Señor la baja de un hondazo, la acompaña en su problema, la pone frente a la verdad y no deja que se aliene con una reflexión teológica.

—¿Y usted qué actitud adopta frente a una vida que se apaga como consecuencia de una cruel enfermedad?

—Enmudezco. Lo único que me surge es quedarme callado y, según la confianza que tenga, tomarle la mano. Y rezar por ella, porque tanto el dolor físico como el espiritual tiran para adentro, donde nadie puede ingresar; comportan una dosis de soledad. Lo que la gente necesita es saber que alguien la acompaña, la quiere, que respeta su silencio y reza para que Dios entre en ese espacio que es pura soledad. Recuerdo otra película en la que una inocente condenada a muerte es llevada al pabellón de la muerte. Como era una empresaria vinculada al mundo del jazz, la guardiacárcel la recibe con música a todo volumen. La mujer hace, entonces, un cuadro neurótico y grita pidiendo que saquen la canción. No quería la

artificialidad, sino su soledad. Este cuadro también muestra
el recurrente deseo de la sociedad de camuflar la muerte.

—¿Cómo es eso?

—La situación mostraba la ridiculez de ciertas culturas
hedonistas que llevan hasta a maquillar los cadáveres e, incluso, a "sentarlos" en los velatorios. No es común, pero se dio en
algunos lugares. También está el caso de ciertos cementerios
que son museos, obras de arte, lugares hermosos, todo para
disimular el drama que hay detrás.

—A propósito, ¿piensa usted en su propia muerte?

—Hace tiempo que es una compañera cotidiana.

—¿Por qué?

—Pasé setenta años y el hilo que queda en el carretel no es
mucho. No voy a vivir otros setenta y empiezo a considerar
que tengo que dejar todo. Pero lo tomo como algo normal.
No estoy triste. A uno le dan ganas de ser justo con todos en
todas las situaciones, de hacer al final —digamos— caligrafía
inglesa. Eso sí: jamás se me ocurrió hacer un testamento. Pero
la muerte está todos los días en mi pensamiento.

CAPÍTULO CUATRO

La primavera
de la fe

Fue para él una gracia muy grande que sobrevino imprevistamente. Era 21 de septiembre y, al igual que muchos jóvenes, Jorge Bergoglio —que rondaba los 17 años— se preparaba para salir a festejar el Día del Estudiante con sus compañeros. Pero decidió arrancar la jornada visitando su parroquia. Era un católico practicante que frecuentaba la iglesia porteña de San José de Flores.

Cuando llegó, se encontró con un sacerdote que no conocía y que le transmitió una gran espiritualidad, por lo que decidió confesarse con él. Grande fue su sorpresa al comprobar que no había sido una confesión más, sino una confesión que despabiló su fe. Que le permitió descubrir su vocación religiosa, al punto que resolvió no ir a la estación de tren a encontrarse con sus amigos y volver a su casa con una firme convicción: quería... tenía que ser sacerdote.

"En esa confesión me pasó algo raro, no sé que fue, pero me cambió la vida; yo diría que me sorprendieron con la guardia baja", evoca más de medio siglo después. En verdad,

Bergoglio tiene hoy su interpretación de aquella perplejidad: "Fue la sorpresa, el estupor de un encuentro; me di cuenta —dice— de que me estaban esperando. Eso es la experiencia religiosa: el estupor de encontrarse con alguien que te está esperando. Desde ese momento para mí, Dios es el que te 'primerea'. Uno lo está buscando, pero Él te busca primero. Uno quiere encontrarlo, pero Él nos encuentra primero" y agrega que no fue sólo el "estupor del encuentro" lo que destapó su vocación religiosa, sino el modo misericordioso con el que Dios lo interpeló, modo que se convertiría, con el correr del tiempo, en fuente de inspiración de su ministerio.

No obstante, su ingreso al seminario no fue inmediato. "El tema se cerró ahí", aclara, porque después completó sus estudios secundarios y siguió trabajando en el laboratorio de análisis bromatológico, sin hablar con nadie de su determinación. Aunque estaba seguro de su vocación religiosa, vivió en los años siguientes una crisis de maduración que lo llevó a pasar por momentos de soledad. Bergoglio dice que era una "soledad pasiva", o sea, que se sufre aparentemente sin motivo, o por una crisis o una pérdida, a diferencia de la "soledad activa", que se siente frente a decisiones trascendentales. Aquella experiencia le enseñó a convivir con la soledad. Finalmente, a los 21 años, decidió entrar al seminario y terminó optando por el de los jesuitas.

—¿Por qué eligió ser sacerdote jesuita?

—En realidad, no tenía muy claro hacia dónde rumbear. Lo que estaba claro era mi vocación religiosa. Al final, después de pasar por el seminario arquidiocesano de Buenos Aires, entré a la Compañía de Jesús atraído por su condición de fuerza de avanzada de la Iglesia, hablando en lenguaje castrense, desarrollada con obediencia y disciplina. Y por estar orientada a la tarea misionera. Con el tiempo, me surgieron ganas de ir a misionar a Japón, donde los jesuitas realizan una obra muy importante desde siempre. Pero, por el severo problema de salud que traía desde mi juventud, no fui autorizado. Unos cuantos se habrían "salvado" de mí acá si me hubieran enviado allá... ¿no? (Risas)

—¿Cómo reaccionó su familia cuando le dijo que quería ser sacerdote?

—Primero, se lo dije a mi papá y le pareció muy bien. Más aún: se sintió feliz. Sólo me preguntó si estaba realmente seguro de la decisión. Él después se lo dijo a mi mamá que, como buena madre, había empezado a presentirlo. Pero la reacción de ella fue diferente. "No sé, yo no te veo... Tenés que esperar un poco... Sos el mayor... Seguí trabajando... Terminá la facultad", me dijo. La verdad es que la vieja se enojó mal.

—Hay que reconocer que usted no se equivocó al elegir a cuál de los dos le daría primero la noticia...

—Seguramente me di cuenta de que mi papá me iba a comprender más. Es que su madre era una referencia religiosa muy fuerte y él había heredado esa religiosidad, esa fortaleza, junto con el dolor grande por el desarraigo. Entonces, lo pudo vivir con alegría. En cambio, mi mamá lo vivió como un despojo.

—¿Qué pasó después?

—Cuando entré al seminario mamá no me acompañó, no quiso ir. Durante años no aceptó mi decisión. No estábamos peleados. Sólo que yo iba a casa, pero ella no iba al seminario. Cuando finalmente la aceptó, lo hizo poniendo cierta distancia. En el noviciado, en Córdoba, venía a visitarme. ¡Ojo!: ella era una mujer religiosa, practicante, pero consideraba que todo había sucedido demasiado rápido, que

era una decisión que requería mucho tiempo de maduración. Pero era coherente: recuerdo verla de rodillas delante
mío al finalizar la ceremonia de la ordenación sacerdotal
pidiéndome la bendición.

—Tal vez, pensó que no era lo suyo... que no iba a llegar lejos...

—No sé. Lo que sí me acuerdo es que cuando se lo dije
a mi abuela, que ya lo sabía y se hizo la desentendida, me
respondió: "Bueno, si Dios te llama, bendito sea." E inmediatamente agregó: "Por favor, no te olvides que las puertas
de la casa están siempre abiertas y que nadie te va a repro-
char nada si decidís volver." Esa actitud, que hoy denomi-
naríamos contenedora frente a alguien que se apresta a pasar
por una prueba muy importante, me resultó una gran enseñanza para saber cómo comportarme ante personas que
están por dar un paso trascendente en sus vidas.

—De todas maneras, su decisión no fue precipitada.
Tardó cuatro años en entrar al seminario.

—Digamos que Dios me dio unos cuantos años de chan-
güí. Es cierto que yo era, como toda mi familia, un católico
práctico. Pero mi cabeza no estaba puesta sólo en las cuestiones religiosas, porque también tenía inquietudes políticas,
aunque no pasaban del plano intelectual. Leía *Nuestra Palabra* y *Propósitos*, una publicación del partido comunista y me
encantaban todos los artículos de uno de sus conspicuos
miembros y recordado hombre del mundo de la cultura,
Leónidas Barletta, que me ayudaron en mi formación política. Pero nunca fui comunista.

—¿Cuánto cree que hubo de decisión suya y cuánto de
"elección de Dios"?

—La vocación religiosa es una llamada de Dios ante un corazón que la está esperando consciente o inconscientemente. A mí siempre me impresionó una lectura del breviario que dice que Jesús lo miró a Mateo en una actitud que, traducida, sería algo así como "misericordiando y eligiendo". Ésa fue, precisamente, la manera en que yo sentí que Dios me miró durante aquella confesión. Y ésa es la manera con la que Él me pide que siempre mire a los demás: con mucha misericordia y como si estuviera eligiéndolos para Él; no excluyendo a nadie, porque todos son elegidos para el amor de Dios. "Misericordiándolo y eligiéndolo" fue el lema de mi consagración como obispo y es uno de los pivotes de mi experiencia religiosa: el servicio para la misericordia y la elección de las personas en base a una propuesta. Propuesta que podría sintetizarse coloquialmente así: "Mirá, a vos te quieren por tu nombre, a vos te eligieron y lo único que te piden es que te dejes querer". Ésa es la propuesta que yo recibí.

—¿Por eso usted menciona que Dios siempre "primerea"?

—Claro. Dios se define ante el profeta Jeremías con estas palabras: "Soy la vara del almendro." Y el almendro es la primera flor que florece en primavera. "Primerea" siempre. Juan dice: "Dios nos amó primero, en esto consiste el amor, en que Dios nos amó primero." Para mí, toda experiencia religiosa, si no tiene esa dosis de estupor, de sorpresa, de que nos ganan de mano en el amor, en la misericordia, es fría, no nos involucra totalmente; es una experiencia distante que no nos lleva al plano trascendente. Aunque, convengamos, vivir hoy esa trascendencia es difícil por el ritmo vertiginoso de la vida, la rapidez de los cambios y la falta de una mirada de largo plazo. No obstante, en la experiencia religiosa, son importantes los remansos. Siempre me impresionó lo que comenta Ricardo

Güiraldes en *Don Segundo Sombra*: que su vida estuvo signada por el agua. Cuando era chico, semejaba un arroyito saltarín entre las piedras; cuando era un hombre, un río impetuoso y de viejo, un remanso.

—¿Tiene alguna propuesta para la creación de esos remansos?

—Los retiros espirituales son remansos armados artificialmente, donde el ritmo diario se frena y se da lugar a la oración. ¡Ojo!: es artificial la apertura del espacio, no el retiro. Un retiro espiritual en el que hagan escuchar un cassette de behaviorismo religioso con el que se busca una estimulación para obtener una respuesta, no sirve, no remansa el alma. El encuentro con Dios tiene que ir surgiendo desde adentro. Debo ponerme en la presencia de Dios y, ayudado por su Palabra, ir progresando en lo que Él quiera. Lo que está en el fondo de todo esto es la cuestión de la oración que es uno de los puntos que, en mi opinión, hay que abordar con mayor valentía.

—La falta de remansos, ¿es sólo un problema de falta de tiempo o también de que el creyente relega su necesidad espiritual?

—La relega hasta que uno pisa una cáscara de banana y se cae sentado. Que una enfermedad, que una crisis, que una desilusión, que algo que yo tenía planeado desde mi exitismo y no funcionó… Recuerdo un episodio que presencié en un aeropuerto y que me dejó muy triste. Sucedió en ese momento en que todos los pasajeros, los de la clase turista y los de primera, se confunden delante de la cinta transportadora esperando las valijas. Es un momento en el que todos somos iguales y todos estamos esperando algo, porque la cinta nos iguala. De pronto, uno de los viajeros, que era un conocido empresario entrado en años, comenzó a ponerse impaciente pues su valija tardaba. No disimulaba para nada su fastidio y ponía cara como diciendo "ustedes no saben quién soy yo como para tener que estar esperando como cualquier hijo de vecino". Lo primero que me sorprendió es que una persona mayor se vuelva impaciente.

—Los jóvenes, que tienen toda la vida por delante, suelen ser los más impacientes…

—Como sabía la vida que llevaba, de su anhelo de querer repetir el mito del Doctor Fausto, de no querer bajarse del caballo de los 30 años, me quedé triste frente a esa persona que no supo aprovechar la sapiencia de la vejez. Que en vez de añejarse, como el buen vino, se picó como el malo. Me quedé triste, en fin, al ver a alguien con tantos éxitos, pero con un fracaso esencial. Que puede tener todo, vivir en la abundancia, disponer de todos los timbres y, a la vez, ponerse tan mal por la demora en la llegada de su valija. En el fondo es alguien solo, que forma parte del grupo de personas a las que el Señor les da la posibilidad de ser felices en Él y con Él, sin ser cura o monja, y que, por hacer girar la vida alrededor de sí mismos, llegan a ser vino picado en lugar de vino añejo. La imagen del vino añejo a mí me sirve mucho como metáfora para referirme a la madurez religiosa y la madurez humana, ya que van juntas. Si uno en lo humano se queda en la etapa de la adolescencia, en la dimensión religiosa sucede lo mismo.

—¿Cómo debe ser para usted la experiencia de orar?

—A mi juicio debe ser, de cierta manera, una experiencia de claudicación, de entrega, donde todo nuestro ser entre en la presencia de Dios. Es allí donde se producirá el diálogo, la escucha, la transformación. Mirar a Dios, pero sobre todo sentirse mirado por Él. En ocasiones la experiencia religiosa en la oración se produce, en mi caso, cuando rezo vocalmente el Rosario o los salmos. O cuando celebro con mucho gozo la Eucaristía. Pero cuando más vivo la experiencia religiosa es en el momento en que me pongo, a tiempo indefinido, delante del sagrario. A veces, me duermo sentado dejándome mirar. Siento como si estuviera en manos de otro, como si Dios me estuviese tomando la mano. Creo que hay que llegar a la alteridad trascendente del Señor, que es Señor de todo, pero que respeta siempre nuestra libertad.

—¿Cómo examina su vida y su ministerio delante de Dios?

—No quiero mandarme la parte, pero la verdad es que soy un pecador a quien la misericordia de Dios amó de una manera privilegiada. Desde joven, la vida me puso en cargos de gobierno —recién ordenado sacerdote fui designado maestro de novicios, y dos años y medio después, provincial— y tuve que ir aprendiendo sobre la marcha, a partir de mis errores porque, eso sí, errores cometí a montones. Errores y pecados. Sería falso de mi parte decir que hoy en día pido perdón por los pecados y las ofensas que pudiera haber cometido. Hoy pido perdón por los pecados y las ofensas que efectivamente cometí.

—¿Qué es lo que más se reprocha?

—Lo que más me duele es no haber sido muchas veces comprensivo y ecuánime. En la oración de la mañana, en el momento de las peticiones, pido ser comprensivo y ecuánime, y después sigo pidiendo un montón de cosas más que tienen que ver con las defecciones en mi andar. Es que quiero transitar por la misericordia, por la bondad interpretativa. Pero, insisto, siempre fui querido por Dios, que me levantó de mis caídas a lo largo del camino, me ayudó a transitarlo, sobre todo en las etapas más duras, y así fui aprendiendo. En ciertas oportunidades al encarar un problema, me equivoco, actúo mal y tengo que volver atrás y disculparme. Con todo, eso me hace bien, porque me ayuda a comprender las equivocaciones de los demás.

—Alguien puede pensar que un creyente que llega a cardenal tiene las cosas muy claras…

—No es cierto. No tengo todas las respuestas. Ni tampoco todas las preguntas. Siempre me planteo más preguntas, siempre surgen preguntas nuevas. Pero las respuestas hay que ir elaborándolas frente a las distintas situaciones y también esperándolas. Confieso que, en general, por mi temperamento, la primera respuesta que me surge es equivocada. Frente a una situación, lo primero que se me ocurre es lo que no hay que hacer. Es curioso, pero me sucede así. A raíz de ello aprendí a desconfiar de la primera reacción. Ya más tranquilo, después de pasar por el crisol de la soledad, voy acercándome a lo que hay que hacer. Pero de la soledad de las decisiones no se salva nadie. Se puede pedir un consejo, pero, a la larga, es uno el que tiene que decidir y se puede hacer mucho daño con las decisiones que se toman. Uno puede ser muy injusto. Por eso, es tan importante encomendarse a Dios.

Capítulo cinco

Educar desde el conflicto

Era su materia preferida y la sabía perfectamente; de todas maneras lo mandaron a examen por no haber cumplido con una tarea y, desde entonces, supuso que aprobarla no iba a ser fácil. Que no se la iban a hacer fácil. Una premonición que se reveló acertada ni bien estuvo frente a la mesa examinadora. "A ver chiquito… ¿que bolilla elegís?", le preguntó uno de sus integrantes. "¡Ninguna!", contestó por él su profesor. Y agregó, en medio de cierto desconcierto de los presentes: "Va a hablar de toda la materia." El tercero de la mesa, como para distender, acotó irónicamente: "Lo bueno de esto es que no hay nada que uno haya estudiado inútilmente."

Desde el fondo del aula se escuchó un murmullo y a uno de los compañeros que, lacónico, pronosticaba: "Lo van a crucificar". Sin embargo, los integrantes de la mesa no interrumpieron la exposición del joven ni hicieron preguntas. Finalmente, habló su profesor: "La nota que correspondería es un diez, pero debemos ponerle un nueve, no para amonestarlo, sino para que se acuerde siempre que lo que cuenta es el deber

cumplido día a día; el realizar el trabajo sistemático, sin permitir que se convierta en rutina; el construir ladrillo a ladrillo, más que el rapto improvisador que tanto le seduce."

El profesor era Jorge Bergoglio y el alumno, Jorge Milia,
quien relata este episodio en su libro de memorias de su
juventud, *De la edad feliz*, escrito cuarenta años más tarde.
"Nunca olvidé esa lección, que aún hoy tengo presente, ni
sentí que me mandasen a rendir con más justicia", cuenta
Milia en sus sentidas páginas, donde narra los años que
cursó en el colegio de la Inmaculada Concepción, de la ciudad de Santa Fe, perteneciente a la Compañía de Jesús. Un
establecimiento educativo que, al promediar el siglo pasado,
llegó a gozar de una singular reputación: muchas familias
tradicionales, no sólo de Santa Fe, sino también de otras
provincias e, incluso, de países limítrofes, enviaban a sus
hijos a estudiar allí.

En ese instituto, el entonces padre Bergoglio hizo su primera experiencia como docente, que después continuó en el
colegio de El Salvador, de Buenos Aires. "Antes de entrar al
seminario, había estudiado química y pensé que me iban a
dar alguna materia científica, pero no, me encomendaron
impartir psicología y literatura. Y Psicología la había estudiado cuando cursé Filosofía y me resultaba fácil, mientras
que para literatura, que me gustaba mucho, tuve que pre-
pararme durante el verano" explica Bergoglio.

Recuerda que trató de dar las clases "lo más plásticas
posibles: elegía un autor y una época, pero si alguien prefería a otro del mismo período o, incluso de uno diferente, lo
dejaba caminar. Por ejemplo, cuando di El Cid un alumno
me dijo que le gustaba más el poema que Machado compu-
so a raíz de esa obra y le contesté 'que fuera para adelante'

con Machado. A los chicos les gustaba buscar cosas atrevi-
das en Machado y competían para ver quién encontraba
más. Yo los dejaba", insiste.

En su libro, Milia evoca aquella pedagogía: "Hacernos
arrancar con el cantar del Mio Cid era como enfrentarnos a los
molinos de viento del Quijote, pero nada fue como temíamos;
lo bueno de Bergoglio era que no había puertas cerradas y
que quien quiso explorar este monumento que es la lengua
española lo pudo hacer en el detalle que se le ocurriera y sin
eufemismos, ni condicionamientos."

Bergoglio nos agrega que para estimular a los alumnos
les hacía escribir cuentos y que en un viaje a Buenos Aires
se los mostró, nada menos, que a Jorge Luis Borges. "Le
gustaron y alentó su publicación, prometiendo que escribi-
ría el prólogo", destaca. Y así fue: se editaron con el título
de "Cuentos Originales".

Milia, que había escrito uno de ellos, relata con emoción
esta experiencia, al igual que la vivida cuando Bergoglio
llevó al propio Borges a dar una clase a Santa Fe, como
había hecho con otros autores.

En el recuerdo de los alumnos, traído a colación por
Milia, el maestro nuevo "no tenía aspecto de guerrero, pero
algo alertaba sobre un tipo de carácter. Alegre, con cara juve-
nil, tuvo el efímero mote de 'carucha', pero era nada más que
eso: una cubierta; por dentro, estaba el hombre metódico,
perseverante, el 'comando' de Cristo en esta Compañía de
Jesús, que se había propuesto sacarnos buenos". Milia, también detalla que, después de aquella etapa escolar y de la partida de Bergoglio hacia otros destinos, "siempre volví a
encontrar en él, más allá del cargo que tuviera, al amigo, al
maestro, al sacerdote, a aquel hombre consciente de su deber

y de su misión de dar testimonio de la fe, siempre con un profundo sentido del humor."

Sentimientos compartidos. "Los quise mucho —escribe Bergoglio en el prólogo del libro al evocar aquellos alumnos—; no me fueron, ni me son, indiferentes y no me olvidé de ellos. Les quiero agradecer todo el bien que me hicieron, de manera especial, al obligarme y enseñarme a ser más hermano que padre."

Después de los recuerdos y las anécdotas sobre su experiencia docente, entramos de lleno en el tema que nos habíamos propuestos tocar esta vez: la educación. Le comentamos, por lo pronto, que los expertos afirman que la escuela argentina atrasa, pero que, a su vez, perciben que la sociedad, que afronta un proceso de cambios e incertidumbre, necesita que esta institución, que es considerada una de las más creíbles, siga siendo un punto de referencia firme. Uno de los pocos lugares donde se intenta mantener el principio de autoridad. Y, concretamente, empezamos por preguntarle:

—¿Cómo puede la escuela encontrar el difícil punto de equilibrio entre el anclaje en el pasado, que puede ser un necesario marco de referencia y la necesidad de educar para un mundo diferente, imaginando el futuro donde se deberán insertar los alumnos?

—Vamos a hablar del alumno y hacerlo extensivo a la escuela. Suelo decir que para educar hay que tener en cuenta dos realidades: el marco de seguridad y la zona de riesgo. No se puede educar solamente en base a marcos de seguridad, ni solamente en base a zonas de riesgo; tiene que haber una proporción, no digo equilibrio, sino proporción. Siempre la educación supone un desequilibrio. Uno empieza a caminar cuando nota lo que le falta, porque si no le falta algo no camina.

—¿Cuál sería, entonces, el sano desequilibrio educativo?

—Hay que caminar con un pié en el marco de seguridad, o sea, en todo lo que viene adquirido, lo que fue incorporado por el alumno, aquello donde está seguro y se siente cómodo. Y con el otro pié, tentar zonas de riesgo, que tienen que ser proporcionales al marco de seguridad, a la idiosincrasia de la persona, al entorno social. Entonces, se va transformando esa zona de riesgo en un marco de seguridad y así sucesivamente, se avanza en la educación. Pero, sin riesgo, no se puede avanzar y, a puro riesgo, tampoco.

—¿Esto tiene relación con lo que usted llama "la cultura del naufragio"?

—En parte sí, porque el náufrago se enfrenta al desafío de sobrevivir con creatividad. O espera que lo vengan a rescatar o él mismo empieza su propio rescate. En la isla donde llega tiene que empezar a construir una choza para la que puede utilizar los tablones del barco hundido y, también, elementos nuevos que encuentra en el lugar. El desafío de asumir lo pasado, aunque ya no flote, y de utilizar las herramientas que ofrece el presente de cara al futuro.

—¿Nos puede citar alguna experiencia concreta?

—Sí, sé de algunas escuelas de Hamburgo donde se intentó educar mediante la libre espontaneidad, sin normas fijas, sin contar con los marcos de seguridad y se fracasó. Este marco de seguridad, dicho sea de paso, también se tiene que dar en la familia.

—Algunos sostienen que hoy a los adolescentes, a los jóvenes, les resulta muy difícil aceptar la educación que viene de adultos que no tienen ningún tipo de seguridad. El chico no acepta la autoridad, porque el que se la está transmitiendo duda de todo al estar inserto en una sociedad que, de por sí, nos hace dudar continuamente. Entonces, ¿dónde hay que mirar para tener, por lo menos, algunas certezas y transmitir, así, seguridad?

—Hay que partir de las grandes certezas existenciales. Por ejemplo: hacer el bien y evitar el mal, que es una de las certezas morales más elementales. También hay certezas culturales y certezas convivenciales. Pero hay que ir a las grandes certezas existenciales hechas carne en la coherencia de vida y, desde allí, dar los pasos hacia adelante.

—¿Cómo puede influir lo testimonial en esto?

—Muchísimo. Una certeza no es solamente un consejo, una convicción intelectual, una frase. Es también un testimonio, una coherencia entre lo que se piensa, lo que se siente y lo que se hace. Es fundamental que uno piense lo que siente y lo que hace; sienta lo que piensa y lo que hace, y haga lo que piense y siente. Que ejercite el lenguaje de la cabeza, del corazón y de las manos.

—¿Nos puede dar un ejemplo?

—Sí, claro. Hay personas que, tal vez, son limitadas en su cultura, hablando en términos de ilustración, pero manejan bien tres o cuatro certezas, quiero decir de un modo coherente, testimonial, y, por tanto, educan muy bien a sus hijos. Me viene a la mente el caso de la mujer paraguaya, la más gloriosa de América, porque a fines del siglo XIX se encontró en la disyuntiva de claudicar y asumir la derrota o decir "mi país perdió la guerra, pero no va a perder la historia". Quedaron ocho mujeres por hombre y, con un instinto de certeza histórica, siguieron educando para llevar adelante una fe, una cultura, una lengua.

—Tal vez, la escuela debería identificar los valores permanentes y separarlos de los que son propios de una cultura o costumbre social. Identificarlos y no confundirlos para evitar que, al aferrarse a los segundos, que con el tiempo son reemplazados por otros, se le quite validez a los primeros.

—Efectivamente. Hablar hoy con el lenguaje de Cervantes daría risa, pero los valores hispánicos contenidos en su obra, ciertamente, permanecen. Hoy los podemos encontrar aculturados en la Argentina, por ejemplo, en el *Martín Fierro* o en *Don Segundo Sombra*. O sea, los mismos valores expresados de otra manera. En todo cambio de época se puede usar, como expresé antes, la imagen del naufragio, porque hay cosas que ya no nos sirven, cosas transitorias, y valores que hay que expresar de otra manera. Y, por cierto, prácticas que pasan a ser intolerables, francamente repugnantes. Pensemos en el gran naufragio cultural del que surgió la abolición de la esclavitud. Hasta ese momento era considerado normal que los hombres se vendieran y compraran en un mercado.

—Ahora bien, a la hora de elegir el tipo de educación que quieren para sus hijos, ¿usted cree que los padres privilegian realmente, aun cuando buscan un colegio confesional, la formación en valores? Y los colegios, ¿están hoy a la altura de esas circunstancias?

—Creo que, en general, los padres que tienen más posibilidades de elegir se dejan llevar por una dinámica promocional para sus hijos: "Este colegio le va a dar más herramientas funcionales", dicen pensando, por ejemplo, en la capacitación en computación o en idiomas, y no se plantean tanto el tema de los valores. Más allá de la importancia de contar con una buena propuesta curricular, esa demanda lleva a algunos colegios a entrar en un funcionalismo promocional que descuida algo tan vital como el aspecto formativo.

Ciertamente, los institutos educativos confesionales, en general, y los católicos, en particular, no escapan a ese riesgo.

—Hablando de valores, es inevitable apelar a la vieja figura del maestro que daba ejemplo, que marcaba pautas, que sabía interpretar a los alumnos y establecía una relación humana con cada uno.

—Creo que la educación se "profesionalizó" demasiado. Es necesario, sin duda, estar al día y la actitud profesional es sana, pero no debe hacer olvidar la otra actitud, la que acompaña, que sale al encuentro de la persona, que considera al alumno en todos sus aspectos.

—¿Lo puede ejemplificar con algún caso concreto que le haya tocado vivir?

—Sí, recuerdo que a comienzos de los años noventa, siendo vicario de Flores, una chica de un colegio de Villa Soldati, que cursaba el cuarto o quinto año, quedó embarazada. Fue uno de los primeros casos que se planteó en la escuela. Había varias posturas acerca de cómo afrontar la situación, que contemplaban hasta la expulsión, pero nadie se hacía cargo de lo que sentía la chica. Ella tenía miedo por las reacciones y no dejaba que nadie se le acercase. Hasta que un preceptor joven, casado y con hijos, un hombre al que yo respeto mucho, se ofreció para hablarle y buscar con ella una solución. Cuando la vio en un recreo le dio un beso, le tomó la mano y le preguntó con cariño: "¿Así que vas a ser mamá?" y la chica empezó a llorar sin parar. Esa actitud de proximidad la ayudó a abrirse, a elaborar lo que le había pasado. Y permitió llegar a una respuesta madura y responsable, que evitó que perdiera la escolaridad y quedara sola con un hijo frente a la vida, pero también —porque era otro riesgo— que las compañeras la consideraran una heroína por haber quedado embarazada.

—¿Se encontró la solución a través del acercamiento y no del rechazo?

—Sí. Lo que hizo el preceptor fue salir testimonialmente a su encuentro. Corrió el riesgo de que la chica le contestara con un "¿a vos que te importa?", pero tenía a su favor su gran humanidad y que buscó acercarse desde el amor. Cuando se quiere educar solamente con principios teóricos, sin pensar en que lo importante es quién tenemos enfrente, se cae en un fundamentalismo que a los chicos no les sirve de nada ya que ellos no asimilan las enseñanzas que no están acompañadas con un testimonio de vida y una proximidad y, a veces, a los tres o cuatro años, hacen una crisis, explotan.

—¿Tiene alguna fórmula que recomiende para procurar no caer en el rigorismo frío y distante en la transmisión de valores, ni tampoco en la demagogia de querer ganarse la simpatía fácil del alumnado aplicando un relativismo que admite todo?

—Fórmula, ninguna. Pero, tal vez, esto que les voy a contar pueda servir. Suelo decirles a los curas que cuando están en el confesionario no sean rigoristas, ni "manga ancha". El rigorista es aquel que aplica, sin más, la norma. "La ley es ésta y punto", dice. El "manga ancha" la deja de lado. "No importa, no pasa nada, total la vida es así, seguí adelante", considera. El problema es que ninguno de los dos se hace cargo de quien tenía delante; se lo sacan de encima. "Y entonces, padre, ¿qué debemos hacer?", me preguntan. Y les respondo: "Ser misericordiosos."

—¿La situación actual de la escuela en la Argentina ayuda en este sentido?

—Seguramente, no. Los docentes están mal pagos y no les alcanza con un solo trabajo para vivir. Además, en las aulas hay demasiados chicos y los docentes no pueden estar cerca de cada uno de ellos. Pero no es un problema de ahora. Además, el pacto educativo está roto. Hoy los padres, los docentes, los alumnos, los gremios, el Estado, las confesiones religiosas no tiran para un mismo lado, como debiera ser, y el que paga las consecuencias es el chico. Hace falta una acción concertada.

—Hay una estadística que dice que el 68% de faltas de los docentes se debe a motivos psicológicos. Están, ante todo, sobrecargados por el hecho de que muchos padres descuidan su papel, pasando parte de sus responsabilidades al colegio.

—Es cierto. No hace mucho escuché a algunos miembros de la Vicaría de Educación de la arquidiócesis que contaban que los alumnos están desesperados por hablar con el docente; evidentemente, les falta diálogo en su casa, sienten cierto desamparo. Es importante dejar hablar al chico, que necesita orejas, aunque consideremos que muchas veces son pavadas. Pero de las cien cosas que dice hay una que lo identifica como singular y, en el fondo, está buscando eso: que lo reconozcan en sus particularidades, que le digan "vos sos así". A mí me interesa mucho lo de la edad de los por qué, que es cuando el chico está despertando al mundo y se siente muy inseguro. En esa etapa, el aprendizaje que experimenta es muy grande, no a nivel intelectual, sino de conocimiento de su lugar en un mundo que lo amenaza. Entonces, lo que necesita no es tanto la respuesta explicativa, sino la mirada del papá o la mamá que le dé seguridad; necesita hablar para que lo miren, lo identifiquen. Eso también le pasa más adelante.

—Además, los docentes se sienten con frecuencia desautorizados por padres que no permiten que se le diga nada a su hijo…

—En nuestra época, y esto no significa que haya sido mejor o peor, cuando llegábamos a casa con una observación, la "ligábamos". Ahora, en cambio, muchos padres consideran que el problema es del docente que la aplicó y van a hablar con él para defender al nene. Al actuar de ese modo, evidentemente, le sacan autoridad al docente; el chico ya no lo respeta. Y cuando se quita autoridad se quita un espacio de crecimiento. Autoridad viene de *augere* que quiere decir *hacer crecer*. Tener autoridad no es ser una persona represora. La represión es una deformación de la autoridad que, en su recto ejercicio, implica crear un espacio para que la persona pueda crecer. Alguien con autoridad es alguien capaz de crear un espacio de crecimiento.

—Acaso el término se desvirtuó…

—Claro. Pasó a ser sinónimo de *acá mando yo*. Es curioso, pero cuando el padre o el maestro tiene que decir: "acá el que manda soy yo" o "acá el superior soy yo" es porque ya perdió la autoridad. Y entonces, la tiene que afianzar con la palabra. Proclamar que uno tiene la "manija" de algo implica que se dejó de tenerla. Y tener la "manija" no significa mandar e imponer, sino servir.

CAPÍTULO SEIS

"Cuando la jugaba
de Tarzán"

El entonces obispo auxiliar de Buenos Aires, Jorge Bergoglio, cerró la carpeta en la que estaba trabajando en su oficina del arzobispado y miró la hora. Lo esperaban para un retiro en un convento en las afueras de Buenos Aires y tenía el tiempo casi justo para tomar el tren. Aun así, no dejó de recorrer el breve trayecto hasta la catedral. Como todos los días, quería rezar, aunque sea unos minutos delante del Santísimo Sacramento, antes de continuar con la intensa actividad.

En el interior del templo se sintió aliviado por el silencio y la frescura, en contraste con el calor de una tórrida tarde de verano. Cuando estaba saliendo se le acercó un joven, que no parecía estar del todo bien psíquicamente, para pedirle que lo confesara. Tuvo que hacer un esfuerzo para disimular un gesto de fastidio por la demora que implicaba esa circunstancia.

"El muchacho, de unos 28 años, hablaba como si estuviera ebrio, pero presentí que probablemente estaba bajo los efectos de alguna medicación psiquiátrica", recuerda el cardenal. "Entonces yo —agrega—, el testigo del Evangelio, el que estaba haciendo apostolado, le dije: 'Ahora nomás viene un padre y te confesás con él porque tengo que hacer algo'. Yo sabía que el sacerdote llegaba recién a las cuatro, pero pensé que, como el hombre estaba medicado, no se daría cuenta de la espera y salí muy suelto de cuerpo. Pero, a poco andar, sentí una vergüenza tremenda; me volví y le expresé: 'el padre va a tardar; te confieso yo'."

Bergoglio recuerda que después de confesarlo lo llevó delante de la Virgen para pedirle que lo cuidara y, finalmente, se fue pensando que el tren ya se había ido. "Pero, al llegar a la estación, me enteré de que el servicio estaba atrasado y pude tomar el mismo de siempre. A la vuelta, no enfilé directamente para mi casa, sino que pasé por donde estaba mi confesor, porque lo que había hecho me pesaba. 'Si no me confieso, mañana no puedo celebrar misa con esto', me dije. Fue, en fin, una situación en la que la eficiencia, la eficacia, no toleró un límite".

El cardenal es severo al examinarse por aquello. "En ese momento, la jugaba de Tarzán", comenta. Explica que "era pleno enero, el arzobispo de Buenos Aires, que era el cardenal (Antonio) Quarracino, se había ido de viaje y yo, como vicario general, estaba a cargo de la diócesis. A la mañana, atendía las cuestiones de la curia, y a las dos de la tarde, me iba a la estación de Once a tomar el tren a Castelar, donde estaba dando unos ejercicios espirituales a unas monjas. Tenía —insiste— un espíritu de suficiencia de aquéllos, o sea, estaba pecando. Pero no me daba cuenta. De alguna manera, me estaba diciendo: 'Mirá qué bueno que soy, qué grande, cuántas cosas puedo hacer'; la soberbia rondaba mi actitud".

Bergoglio relató el episodio luego de que, en un nuevo encuentro, le mencionamos una frase que en aquellos días

había pronunciado repetidamente: "Transitar la paciencia."
¿Qué quería decir con ese concepto? Por la velocidad con la
que nos respondió, ya que casi no nos dejó terminar, y el énfa-
sis que puso, pudimos advertir que, sin saber, habíamos tocado un punto significativo para él.

"Es un tema en el que caí en la cuenta con los años
leyendo el libro de un autor italiano con un título muy
sugestivo: *Teología del fallimento*, o sea, teología del fracaso,
donde se expone cómo Jesús entró en paciencia. En la experiencia del límite —añade—, en el diálogo con el límite, se
fragua la paciencia. A veces la vida nos lleva, no a 'hacer',
sino a 'padecer', soportando, sobrellevando (del griego
kypomoné) nuestras limitaciones y las de los demás. Transitar la paciencia —explica— es hacerse cargo de que lo que
madura es el tiempo. Transitar la paciencia es dejar que el
tiempo paute y amase nuestras vidas."

No podemos evitar aquí una referencia a la realidad del
país y preguntarle si no piensa que los argentinos, en
muchas oportunidades parecen ser incapaces de ejercitar la
paciencia. Y en lugar de construir lentamente su porvenir,
buscan resultados inmediatos, tratan de encontrar la "dia-
gonal", el camino más corto... "En última instancia —nos
contesta—, es la dialéctica entre el camino y el sendero.
Nos encantan los atajos y no sólo a los argentinos. Un atajo
—señala— tiene el componente de una trampa ética: evitar
el camino y optar por el sendero. Eso se da también en las
pequeñas cosas cuando evitamos el esfuerzo."

—¿Cree que la paciencia exige un aprendizaje?

—Sí. Transitar en paciencia supone aceptar que la vida es
eso: un continuo aprendizaje. Cuando uno es joven cree que
puede cambiar el mundo y eso está bien, tiene que ser así. Pero,

luego, cuando busca, descubre la lógica de la paciencia en la propia vida y en la de los demás. Transitar en paciencia es asumir el tiempo y dejar que los otros vayan desplegando su vida. Un buen padre, al igual que una buena madre, es aquel que va interviniendo en la vida del hijo lo justo como para marcarle pautas de crecimiento, para ayudarlo, pero que después sabe ser espectador de los fracasos propios y ajenos, y los sobrelleva.

—¿Un ejemplo de esto podría ser la parábola del hijo pródigo?

—Me impresiona mucho esa parábola. El hijo pide la herencia, el padre se la da, luego se va, hace "lo que se le canta" y vuelve. Dice el Evangelio que el padre lo ve venir de lejos. De modo que debe de haber estado mirando, desde la ventana, para ver si en algún momento lo veía venir. O sea que lo esperó pacientemente.

Esto me hace acordar cuando éramos chicos y remontábamos un barrilete en la placita de la vuelta. Hay un momento en que la cometa entra en un movimiento de ochos y se viene abajo; para evitarlo, no hay que tirar del piolín. '¡Aflojále que está coleando!', nos gritaban los que sabían. El sostener el barrilete semeja la actitud que hay que tener frente al crecimiento de la persona: en algún momento hay que darle cuerda, porque "colea". Dicho de otra manera: hay que darle tiempo. Tenemos que saber poner el límite en el momento justo. Pero, otras veces, tenemos que saber mirar para otro lado y hacer como el padre de la parábola, que deja que el hijo se vaya y malgaste su fortuna para que haga su propia experiencia.

—¿Y con nosotros mismos?

—También. Debemos dejarnos transitar en paciencia. Sobre todo, ante el fracaso y el pecado, cuando nos damos cuenta de que quebramos nuestro propio límite, cuando fuimos injustos o innobles. Yo no transité en paciencia esa tarde en la catedral, porque tenía que subir a ese tren al que, finalmente, igual subí debido a que se atrasó. Fue un signo del Señor que me dijo: 'Ves que la historia la arreglo yo.' ¡Cuántas veces en la vida conviene frenarse, no querer arreglarlo todo de golpe! Transitar la paciencia supone todas esas cosas; es un claudicar de la pretensión de querer solucionarlo todo. Hay que hacer un esfuerzo, pero entendiendo que uno no lo puede todo. Hay que relativizar un poco la mística de la eficacia.

—¿Ayuda la paciencia en el momento del dolor?

—Más que nunca. Tenemos que saber que a la vida no se la puede parir sin dolor. No sólo las mujeres sufren al traer un hijo al mundo, sino que todas las personas, en todas las cosas que realmente valen la pena y permiten crecer, debemos pasar por momentos dolorosos. El dolor es algo que hace a la fecundidad. ¡Ojo!: No es una actitud masoquista, sino aceptar que la vida nos marca límites.

—El cristiano, como otros creyentes, debería contarse entre los primeros en abrazar la paciencia porque confía en la voluntad de Dios…

—Cuidado, la paciencia cristiana no es quietista o pasiva. Es la paciencia de San Pablo, la que implica so-portar, sobrellevar en los hombros la historia. Es la imagen arquetípica de Eneas que, cuando se quema Troya, se pone a su padre en los hombros —Et sublato patre montem petivi—, se pone su historia en los hombros y va caminando hacia el monte en busca del futuro.

—¿De ahí viene otra de las expresiones que usted tanto repite: "ponerse la patria al hombro"?

—No sé, me salió así.

Capítulo siete

El desafío de salir
al encuentro de la gente

Llegó el día en que íbamos a hablar específicamente de las cuestiones religiosas, de aspectos de la doctrina católica y el modo en que la Iglesia lleva adelante su tarea en el mundo de hoy. Pero, ¿por dónde empezar? El tema es demasiado vasto. Por cierto, no teníamos la pretensión de agotarlo, ni mucho menos. Sólo auscultar su pensamiento en algunas cuestiones álgidas, candentes en la sociedad. Una de las primeras cosas que surgen en las mesas familiares y en las charlas de café es el alejamiento de la gente de la religión y, en particular, de la Iglesia católica, en muchos casos atraída por las propuestas de las comunidades evangélicas. Es conocido el fenómeno de una especie de "privatización" de la fe, una vivencia religiosa sin mediaciones eclesiásticas —"creo en Dios, pero no en los curas", sería la traducción popular—, que toma ciertos postulados y desecha otros, y que presta escasa atención a las prácticas del culto y los compromisos laicales.

Las generalizaciones son, necesariamente, defectuosas. No es lo mismo la realidad de la Iglesia católica en Europa, donde está en problemas serios, que en algunas regiones de África o Asia, en las que experimenta una significativa expansión. O la variada situación del catolicismo en los Estados Unidos. Pero América Latina acaso sea una buena síntesis —aunque también con matices— de un cúmulo de desafíos, sobre la base de un sustrato católico erosionado, pero innegable. Es cierto que la escasez de datos fehacientes sobre la evolución de la cantidad de fieles complica el análisis. Pero no es aventurado afirmar —en base a estimaciones hechas por peritos del Consejo Episcopal Latinoamericano (CELAM) durante la conferencia de Aparecida— que en las últimas décadas la Iglesia perdió en la región el 20% de sus fieles y que el drenaje —hacia otros cultos o ninguno— será aún mayor.

En línea con la realidad regional, en la Argentina también cayó el porcentaje de fieles católicos, aunque menos que el promedio de la religión. Según una encuesta nacional del Consejo Nacional de Ciencia y Tecnología (CONICET) y cuatro universidades nacionales, efectuada a comienzos de 2008, el 76.5% se declaró católico, mientras que el censo nacional de 1960 —el último que consultó sobre la filiación religiosa— había arrojado que el 90,5% adhería a esa confesión religiosa. Si bien una encuesta no puede equipararse a un censo, el cotejo lleva a estimar que la Iglesia católica habría perdido, en casi cuatro décadas, un 14% de fieles. Dicho de otra manera, tres de cada cuatro argentinos es católico (aunque la asistencia al culto dominical —como en muchos otros países— no llegaría si quiera al 10 % de los fieles).

—Cardenal, ¿la Iglesia está haciendo bien su trabajo?

—Voy a hablar de la Iglesia en la Argentina, que es la que más conozco. Las Líneas Pastorales para la Nueva Evangelización, que los obispos difundimos en 1990, comenzaban señalando la importancia de una "acogida cordial". La tentación en la que podemos caer los clérigos es la de ser administradores y no pastores. Esto lleva a que, cuando una persona va a la parroquia para pedir un sacramento o por cualquier otra cosa, ya no la atiende el sacerdote sino la secretaria parroquial que, en ciertas oportunidades, puede resultar una arpía. En una diócesis había una secretaria a la que la feligresía llamaba *la tarántula*. El problema es que este tipo de personas no sólo espantan a la gente del cura, de la parroquia, sino de la Iglesia y de Jesús. No debemos olvidarnos que para mucha gente la parroquia de la vuelta de su casa es la "puerta de acceso" a la religión católica. Así de importante.

—A diferencia de la mayoría de las comunidades evangélicas, donde hay cordialidad, cercanía y las personas son llamadas por su nombre... Pero también donde no se espera que la gente vaya, sino que se la va a buscar.

—Es clave que los católicos —tanto los clérigos como los laicos— salgamos al encuentro de la gente. Una vez me decía un sacerdote muy sabio que estamos frente a una situación totalmente opuesta a la que plantea la parábola del pastor, que tenía noventa y nueve ovejas en el corral y fue a buscar a la que se perdió: tenemos una en el corral y noventa y nueve que no vamos a buscar. Creo sinceramente que la opción básica de la Iglesia, en la actualidad, no es disminuir o quitar prescripciones o hacer más fácil esto o lo otro, sino salir a la calle a buscar a la gente, conocer a las personas por su nombre. Pero no sólo porque ésa es su misión, salir a anunciar el Evangelio, sino porque el no hacerlo le produce un daño.

—¿Cómo es eso?

—A una Iglesia que se limita a administrar el trabajo parroquial, que vive encerrada en su comunidad, le pasa lo

mismo que a una persona encerrada: se atrofia física y mental-
mente. O se deteriora como un cuarto encerrado, donde se
expande el moho y la humedad. A una Iglesia autorreferencial
le sucede lo mismo que a una persona autorreferencial: se pone
paranoica, autista. Es cierto que, si uno sale a la calle, le puede
pasar lo que a cualquier hijo de vecino: accidentarse. Pero prefiero mil veces una Iglesia accidentada a una Iglesia enferma.
En otras palabras, creo que una Iglesia que se reduce a lo admi-
nistrativo, a conservar su pequeño rebaño, es una Iglesia que,
a la larga, se enferma. El pastor que se encierra no es un autén-
tico pastor de ovejas, sino un "peinador" de ovejas, que se pasa
haciéndole rulitos, en lugar de ir a buscar otras.

—¿Cómo podría aplicarse esto, por ejemplo, en las grandes ciudades como Buenos Aires?

—Hace un tiempo le señalaba a un periodista italiano que
nuestros sociólogos de la religión nos informan que la zona de
influencia de una parroquia es de seiscientos metros a la
redonda. En Buenos Aires la distancia entre una parroquia y
otra es, ordinariamente, de alrededor de 2.000 metros. Por
eso, una vez les propuse a los sacerdotes que alquilen un gara-
ge y, si encuentran un laico disponible, lo envíen allí a que se
quede un poco con la gente, que imparta catequesis y hasta
que dé la comunión a los enfermos o a los que están dispuestos. Un párroco me dijo que, si hacía eso, los fieles no iban a
ir más a misa. "¡Cómo es eso!", exclamé. "¿Es que ahora van
muchos a misa?", le pregunté. "No", me respondió. Salir al
encuentro de la gente es también salir un poco de nosotros
mismos, del recinto de los propios pareceres si éstos pueden
llegar a ser un obstáculo, si cierran el horizonte que es Dios, y
ponerse en actitud de escucha. De todas formas, los sacerdotes conocen sus deberes.

—Usted señala que esto también es válido para los laicos...

—Ciertamente. El problema, como le hacía notar al periodista italiano, es la clericalización, pues, con frecuencia, los curas clericalizan a los laicos y los laicos piden ser clericalizados. Se trata de una complicidad pecadora. Pero los laicos tienen una potencialidad no siempre bien aprovechada. Pensemos que puede bastar con el bautismo para salir al encuentro de la gente. Me vienen a la mente aquellas comunidades cristianas de Japón que se quedaron sin sacerdotes durante más de 200 años. Cuando los misioneros volvieron hallaron a todos bautizados, catequizados, válidamente casados por iglesia. Además, se enteraron de que todos los que murieron tuvieron un funeral católico. La fe había quedado intacta por los dones de la gracia que alegraron la vida de los laicos, que sólo recibieron el bautismo y vivieron su misión apostólica.

—También es cierto que antes se contaba con una sociedad más estable en términos religiosos, con "fieles cautivos" que habían "heredado" la fe y que, en mayor o menor medida, seguían los dictados de la Iglesia. Hoy el "mercado religioso" es más competitivo y la gente más cuestionadora de las orientaciones religiosas.

—Hace unos meses dimos a conocer, en Buenos Aires, unas orientaciones para la promoción del bautismo que apuntan en ese sentido. Me gustaría leer lo que mencionamos en la presentación: "La Iglesia, por venir de una época donde el modelo cultural la favorecía, se acostumbró a que sus instancias fueran ofrecidas y abiertas para el que viniera, para el que nos buscara. Eso funcionaba en una comunidad evangelizada. Pero en la actual situación, la Iglesia necesita transformar sus estructuras y modos pastorales orientándolos de modo que sean misioneros. No podemos permanecer en un estilo 'clientelar' que, pasivamente, espera que venga 'el cliente', el feligrés, sino que tenemos que tener estructuras para ir hacia donde nos necesitan, hacia donde está la gente, hacia quienes deseándolo no van a acercarse a estructuras y formas caducas que no responden a sus expectativas ni a su sensibilidad. Tenemos que ver, con gran creatividad, cómo nos hacemos presentes en los ambientes de la sociedad haciendo que las parroquias e instituciones sean instancias que lancen a esos ambientes. Revisar la vida interna de la Iglesia para salir hacia el pueblo fiel de Dios. La conversión pastoral nos llama a pasar de una Iglesia 'reguladora de la fe' a una Iglesia 'transmisora y facilitadora de la fe'".

—Todo esto supone un cambio de mentalidad…

—Esto supone una Iglesia misionera. Un alto miembro de la curia romana, que había sido párroco durante muchos años, me dijo una vez que llegó a conocer hasta el nombre de los perros de sus feligreses. Yo no pensé qué buena memoria tiene, sino qué buen cura es. "Aunque te hagan cardenal, nunca dejarás de ser lo que eres", le dije. Así fue. Hay muchos ejemplos. El cardenal Casaroli, que llegó a ser secretario de Estado del Vaticano, iba a una cárcel de menores todos los fines de semana. Lo hacía siempre en autobús, con su sotana y su portafolio. Un jesuita, al que le gustaba mucho ir a las cárceles, me contó que cuando comenzó las visitas estaba muy sorprendido por el celo apostólico de un sacerdote que les enseñaba catequesis y hasta jugaba con los menores detenidos. Quedó tan impresionado que comenzó a confesarse con él. Con el tiempo descubrió que era… ¡Casaroli!

—No debe ser fácil sustraerse al riesgo de convertirse en un burócrata.

—Pero es clave evitarlo. Poco antes de morir, Juan XXIII mantuvo una larga reunión con Casaroli y cuando éste se estaba por retirar, el Papa le preguntó si seguía visitando a los chicos de la cárcel. "Nunca los deje", le recomendó. Juan XXIII también era un pastor que salía a la calle. Siendo patriarca de Venecia, solía bajar a las 11 a la plaza de San Marcos a cumplir con el llamado "rito de la sombra", que consiste en ponerse a la sombra de un árbol o de un tabique de los bares y tomarse un vasito de vino blanco y conversar unos minutos con los parroquianos. Lo hacía como cualquier veneciano y después seguía con su trabajo. Eso para mí es un pastor: alguien que sale al encuentro de la gente.

—Convengamos que no es sólo cuestión de salir al encuentro de la gente, sino de entusiasmarla. ¿No le parece que algunas prédicas, llenas de reprimendas, también espantan?

—Claro. La gente se va cuando, no se la recibe, cuando no se la reconoce en las pequeñas cosas, cuando no se la va a buscar. Pero también cuando no se la participa de la alegría del mensaje evangélico, de la felicidad de vivir cristianamente. No es un problema sólo de los curas, sino también de los laicos. No es de buen católico estar buscando solamente lo negativo, lo que nos separa. No es eso lo que quiere Jesús. Eso no sólo espanta y mutila el mensaje, sino que implica no asumir las cosas y Cristo asumió todo. Y solamente es redimido lo que se asume. Si uno no asume que en la sociedad hay personas con criterios distintos y, hasta contrarios, a los que uno tiene y no los respetamos, no rezamos por ellos, nunca los vamos a redimir en nuestro corazón. No debemos permitir que las ideologías señoreen la moral.

—La Biblia tiene los Diez Mandamientos, pero también las Bienaventuranzas. Benedicto XVI destacó una vez que la religión católica no es un "catálogo de prohibiciones".

—Estoy muy de acuerdo. Esto está muy claro en sus encíclicas sobre la caridad y la esperanza. Por otra parte, cuando Benedicto XVI fue a España todos pensaron que criticaría al gobierno de Rodríguez Zapatero por sus diferencias con la Iglesia católica en varios temas. Alguien, incluso, le preguntó si había hablado con las autoridades españolas acerca del matrimonio entre homosexuales. Pero el Papa manifestó que no, que habló con ellos de cosas positivas y que después vendría lo otro. De alguna manera estaba diciendo que primero hay que subrayar lo positivo, lo que nos une; no lo negativo, lo que nos divide; que debe priorizarse el encuentro entre las personas, el caminar juntos. Luego, el abordaje de las diferencias será más fácil.

—Como contrapartida, ¿no existe una tendencia creciente a una "religión a la carta"? ¿A elegir el sacerdote que más gusta, los preceptos que menos incomodan?

—Es una tendencia muy común que responde al consumismo actual. Algunos eligen una misa por cómo predica el sacerdote. Pero a los dos meses dicen que lo que no funciona bien es el coro y entonces vuelven a cambiar. Hay una reducción de lo religioso a lo estético. Se va cambiando de góndola en el supermercado religioso. Es la religión como producto de consumo, muy ligada, a mi juicio, a un cierto teísmo difuso llevado adelante dentro de los parámetros de la New Age, donde se mezcla mucho la satisfacción personal, el relax, el "estar bien". Esto se está viendo especialmente en las grandes ciudades, pero no es sólo un fenómeno que se produce entre la gente culta. En los sectores humildes, en las barriadas, en ocasiones se va a buscar al pastor evangélico, porque "me llega".

—¿Pero es tan grave que la gente se quede con la celebración que más le conmueve o el sacerdote que más lo entusiasma?

—O el que más va con nuestra ideología, porque dentro de esa "religión a la carta", a veces también se hacen opciones religiosas basadas en la ideología. Elijo ésta o aquella misa porque el celebrante tiene "buena doctrina" o porque éstos o aquellos curas son "más abiertos" o "más progresistas".

Yendo a la pregunta, diría que lo grave sería que todo eso estuviera expresando la falta de un encuentro personal con Dios, de una auténtica experiencia religiosa. Esto es lo que creo que está en el fondo de la "religión a la carta". Considero que hay que recuperar el hecho religioso como un movimiento hacia el encuentro con Jesucristo.

—A propósito: ¿Cuál es su opinión acerca de la llamada Teología de la Liberación?

—Fue una consecuencia interpretativa del Concilio Vaticano II. Y, como toda consecuencia de un giro que da la Iglesia, tuvo sus más y sus menos, sus mesuras y sus excesos. Como se recordará, en su momento, Juan Pablo II le encargó al entonces cardenal Ratzinger que estudiara la Teología de la Liberación, lo que desembocó en dos instrucciones, dos sucesivos libritos donde se la describe, se señalan sus límites (uno de los cuales es la apelación a la hermenéutica marxista de la realidad), pero también se muestran sus aspectos positivos. En otras palabras, la posición de la Iglesia en esta materia es amplia.

—¿Usted quiere decir que no hubo una condena en bloque como suele pensarse popularmente?

—Claro. Tampoco hablaría de una condena en el sentido legal de ciertos aspectos, sino de una denuncia. La opción preferencial por los pobres es un mensaje fuerte del post concilio. No es que no haya sido proclamado antes, pero el post concilio lo enfatizó. La mayor preocupación por los pobres que irrumpió en el catolicismo en los años sesenta constituía un caldo de cultivo para que se metiera cualquier ideología. Esto podría llevar a que se desvirtuara algo que la Iglesia pidió en el Concilio Vaticano II y viene repitiendo desde entonces: abrazar el camino justo para responder a una exigencia evangélica absolutamente insoslayable, central, como la preocupación por los pobres, lo que a mi juicio aparece maduro en la conferencia de obispos de Aparecida.

—Entonces ¿considera que hubo teólogos de la liberación que equivocaron el camino?

—Desviaciones hubo. Pero también hubo miles de agentes pastorales, sean sacerdotes, religiosos, religiosas, laicos jóvenes, maduros y viejos, que se comprometieron como lo quiere la Iglesia y constituyen el honor de nuestra obra, son fuente de nuestro gozo. El peligro de una infiltración ideológica fue desapareciendo en la medida en que fue creciendo la conciencia sobre una riqueza muy grande de nuestro pueblo: la piedad popular. Para mí lo mejor que se escribió sobre religiosidad popular está en la exhortación apostólica de Paulo VI *Evangelii Nuntiandi* y lo repite el documento de Aparecida en lo que es para mí su página más bella. En la medida, pues, en que los agentes pastorales descubren más la piedad popular la ideología va cayendo, porque se acercan a la gente y su problemática con una hermenéutica real, sacada del mismo pueblo.

—Ahora bien ¿hasta dónde la Iglesia debe involucrarse en la realidad, por ejemplo, denunciando escenas de injusticia, sin caer en una politización indebida?

—Creo que la palabra partidista es la que más se ajusta a la respuesta que quiero dar. La cuestión es no meterse en la política partidaria, sino en la gran política que nace de los mandamientos y del Evangelio. Denunciar atropellos a los derechos humanos, situaciones de explotación o exclusión, carencias en la educación o en la alimentación, no es hacer partidismo. El Compendio de Doctrina Social de la Iglesia está lleno de denuncias y no es partidista. Cuando salimos a decir cosas, algunos nos acusan de hacer política. Yo les respondo: sí, hacemos política en el sentido evangélico de la palabra, pero no partidista. Otra cosa es si uno se mete a hacer política partidaria y, en este sentido, pensemos en todos los casos que vimos en nuestro gremio.

CAPÍTULO OCHO

El riesgo de degradar
el mensaje religioso

En el tramo anterior Bergoglio formuló una definición, casi como al pasar, ciertamente relevante: "La opción de la Iglesia en la actualidad no es disminuir o quitar prescripciones o hacer más fácil esto o lo otro, sino salir a la calle a buscar a la gente". Seguramente, estaba aludiendo a una impresión cada vez más escuchada en la sociedad e, incluso, entre muchos fieles: que el catolicismo debería modificar algunas concepciones y normas para "sintonizar mejor con los tiempos que corren" y evitar, supuestamente así, una sangría de fieles. Acaso esas demandas apuntan centralmente a ciertas cuestiones de moral sexual: relaciones prematrimoniales, métodos anticonceptivos, prevención del sida, comunión a los católicos divorciados en nueva unión. Pensamos que su definición merecía un desarrollo.

—Por lo pronto, ¿no existe una brecha demasiado grande entre ciertas prescripciones de la Iglesia y cómo viven hoy los católicos?

—Para responder necesito ir un poco hacia atrás. El camino de la ética, que forma parte del ser humano, es pre-religioso. Cualquier persona, sea creyente o agnóstica o atea, no puede eludir el planteo ético que arranca desde los principios más generales —el primero de todos: "hacer el bien y evitar el mal"— hasta los más particulares. En la medida en que el hombre va descubriendo y poniendo en práctica esos principios, va achicando la brecha. Diría que es una brecha de crecimiento. Hay también una brecha contracultural, aquélla del "dale que va, todo da igual, que allá en el horno nos vamos a encontrar" a la que refiere el tango Cambalache. Y que puede anidar tanto en el agnóstico como en el ateo o en el creyente. Si se quiere, es la cuestión de la doble vida. O de la doble moral.

—¿Por ejemplo?

—Y… yo me declaro católico, pero no pago los impuestos. O engaño a mi cónyuge. O no le presto la debida atención a mis hijos. O tengo a mi padre o a mi madre "colgado" en un geriátrico como un sobretodo en un ropero durante el verano, con la bolsita de naftalina, y no los visito nunca. O estafo: "arreglo" una balanza o un taxímetro para que marque más. Convivo, en fin, con el fraude, no sólo al Estado o a mi familia, sino a mí mismo. Generalmente, cuando se habla de doble vida se la relaciona con una persona que tiene dos familias o un cura que tiene una mujer. Pero doble vida es todo aquello que hace fraudulento el modo de vivir, los principios éticos que están en nuestro ser. En definitiva, el desafío ético —como el religioso— pasa por la coherencia entre los principios y la conducta.

—Convengamos que en ciertas cuestiones hay una extendida aceptación social…

—Diría que hay una desvalorización del ejercicio de los principios éticos para justificar su incumplimiento. Por ejemplo —y vuelvo sobre una cuestión emblemática—, cuando estoy en una charla suelo preguntar si se pagan los impuestos —porque es una pregunta que debemos hacer— y muchos responden que no. Uno de los argumentos que se esgrimen es que el Estado se roba ese dinero. "Me los quedo y yo se los doy a los pobres en vez de que vayan a parar a una cuenta en Suiza", me contestan. De esta manera, se tranquilizan fácilmente. Hoy en día muy poca gente concibe hacer un negocio con la pura verdad. Casi siempre hay una cuota de engaño para intentar vender un "buzón" y eso es aceptado porque "todos lo hacen". En fin, en la actualidad decimos con frecuencia "esto no va más" o "esto no se estila más". Todas estas expresiones son una suerte de coartadas ante nuestro incumplimiento de los principios éticos basadas en la mala conducta de los demás.

—Sin embargo, ciertas concepciones y comportamientos van cambiando con el paso del tiempo y no siempre para mal…

—Es que las culturas, en general, van progresando en la captación de la conciencia moral. No es que cambie la moral. La moral no cambia. La llevamos adentro. El comportamiento ético es parte de nuestro ser. Lo que pasa es que cada vez lo explicitamos mejor. Por ejemplo, ahora hay una conciencia creciente sobre la inmoralidad de la pena de muerte. Antes se sostenía que la Iglesia católica estaba a favor de ella o, por lo menos, que no la condenaba. La última redacción del catecismo pide, prácticamente, que sea abolida. En otras palabras, se tomó una mayor conciencia de que la vida es algo tan sagrado que ni un crimen tremendo justifica la pena de muerte. Lo mismo podría decirse acerca de la esclavitud, lo cual no implica que no siga manifestándose a través de otras formas.

—¿Cómo es eso?

—Ahora tenemos maneras encubiertas de esclavitud tan crueles como las anteriores. Hoy a nadie se le ocurriría embarcar esclavos en un avión, más allá de que iría preso. Pero sí sabemos que hay bolivianos que entran a la Argentina para trabajar en condiciones de explotación, infrahumanas, en empresas del sur o talleres clandestinos y que terminan en las villas de emergencia de la Capital Federal o el gran Buenos Aires. O que hay dominicanas que son traídas para ejercer la prostitución. Todas éstas son formas de esclavitud moderna. De todas maneras, insisto, como la conciencia moral de las culturas va progresando, también la persona, en la medida en que quiere vivir más rectamente, va afinando su conciencia y ese es un hecho no sólo religioso, sino humano.

—¿Pero no insiste demasiado la Iglesia en ciertos aspectos de la conducta humana como los referidos a la moral sexual?

—La Iglesia predica aquello que cree que es lo mejor para las personas, que las hace más plenas, más felices. Pero con frecuencia se produce un reduccionismo degradante. Me explico: lo importante de la prédica es el anuncio de Jesucristo, que en teología se llama *el kerygma*. Y que se sintetiza en que Jesucristo es Dios, se hizo hombre para salvarnos, vivió en el mundo como cualquiera de nosotros, padeció, murió, fue sepultado y resucitó. Eso es *el kerygma*, el anuncio de Cristo, que provoca estupor, lleva a la contemplación y a creer. Algunos creen "de primera", como Magdalena. Otros creen luego de dudar un poco. Y otros necesitan meter el dedo en la llaga, como Tomás. Cada uno tiene su manera de llegar a creer. La fe es el encuentro con Jesucristo.

—¿Usted quiere decir, entonces, que algunos están más preocupados por los temas sexuales que por el meollo del mensaje religioso?

—A eso voy. Después del encuentro con Jesucristo viene la reflexión, que sería el trabajo de la catequesis. La reflexión sobre Dios, Cristo y la Iglesia, de donde se deducen luego los principios, las conductas morales religiosas, que no están en contradicción con las humanas, sino que le otorgan una mayor plenitud. Generalmente, observo en ciertas elites ilustradas cristianas una degradación de lo religioso por ausencia de una vivencia de la fe.

—Por ejemplo, ¿en qué lo observa?

—En que no se le presta atención al *kerygma* y se pasa a la catequesis, preferentemente al área moral. Basta escuchar algunas homilías, que deben ser *kerygmáticas* con algo de catequesis, pero que terminan siendo morales, a lo sumo *catequéticas*. Y dentro de la moral —aunque no tanto en las homilías como en otras ocasiones— se prefiere hablar de la moral sexual, de todo lo que tenga algún vínculo con el sexo. Que si esto se puede, que si aquello no se puede. Que si se es culpable, que si no se es culpable. Y entonces, relegamos el tesoro de Jesucristo vivo, el tesoro del Espíritu Santo en nuestros corazones, el tesoro de un proyecto de vida cristiana que tiene muchas otras implicancias más allá de las cuestiones sexuales. Dejamos de lado una catequesis riquísima, con los misterios de la fe, el credo y terminamos centrándonos en si hacemos o no una marcha contra un proyecto de ley que permite el uso del preservativo.

—Pareciera que estos temas a ciertos fieles los movilizan más que el salir a anunciar el Evangelio...

—Con ocasión de la llamada ley de salud reproductiva, algunos grupos de elites ilustradas de cierta tendencia querían ir a los colegios para convocar a los alumnos a una manifestación contra la norma porque consideraban, ante todo, que iba contra el amor. Es cierto que culturalmente el amor se genitalizó, a tal punto que en muchos casos pasó a ser una cuestión de compra y venta, de mero consumismo. Pero el arzobispado de Buenos Aires se opuso a que los chicos participaran por entender que no están para eso. Para mí es más sagrado un chico que una coyuntura legislativa. Prohibí que se convocara a menores de 18 años. Permití que se buscara a aquellos que pueden votar. Esto, evidentemente, reducía el universo escolar porque la mayoría de los chicos se recibe a los 17. De todas maneras, aparecieron algunos colectivos con alumnos de dos colegios del gran Buenos Aires. ¿Por qué esa obsesión? Esos chicos se encontraron con lo que nunca habían visto: travestis en una actitud agresiva, feministas cantando cosas fuertes. En otras palabras, los mayores trajeron a los chicos a ver cosas muy desagradables.

—Seguramente, necesitaban sumar gente.

—Pero no se debe recurrir a los menores para eso. No se debe usar a los chicos. Cuento una anécdota. Un seminarista de concepciones ideológicas extremas se ordena sacerdote. A los pocos días tiene que dar la Primera Comunión a niñas de un colegio de monjas. ¡Qué cosa más linda que hablarles de la belleza de Jesús! Pero no: antes de la comunión recordó las condiciones para recibirla: ayuno de una hora, estar en gracia de Dios y... ¡no usar métodos anticonceptivos! Eran todas niñas vestidas de blanco y les enrostró la contracepción. Eso es la distorsión a la que a veces se llega. Eso es lo que quiero decir cuando hablo de descenso de la belleza del *kerigma* a la moral sexual.

—Una cuestión de gran controversia es la negativa de la Iglesia a darle la comunión a los divorciados en nueva unión. ¿Qué les diría a quienes están en esta situación y sufren no poder recibir la eucaristía?

—Que se integren a la comunidad parroquial, que trabajen allí porque hay cosas en una parroquia que las pueden hacer ellos. Que busquen ser parte de la comunidad espiritual, que es lo que aconsejan los documentos pontificios y el magisterio de la Iglesia. El Papa señaló que la Iglesia los acompaña en esta situación. Es cierto que a algunos les duele no poder comulgar. Lo que hace falta en esos casos es explicarle bien las cosas. Existen casos en que esto resulta complicado. Es una explicación teológica que algunos sacerdotes la exponen muy bien y la gente la entiende.

—Hablemos de la batalla contra el aborto.

—La sitúo en la batalla a favor de la vida desde la concepción hasta la muerte digna y natural. Esto incluye el cuidado de la madre durante el embarazo, la existencia de leyes que protejan a la mujer en el post parto, la necesidad de asegurar una adecuada alimentación de los chicos, como también el brindar una atención sanitaria a lo largo de toda una vida, el cuidar a nuestros abuelos y no recurrir a la eutanasia. Porque tampoco debe "submatarse" con una insuficiente alimentación o una educación ausente o deficiente, que son formas de privar de una vida plena. Si hay una concepción que respetar, hay una vida que cuidar.

—Muchos dicen que la oposición al aborto es una cuestión religiosa.

—Que va… La mujer embarazada no lleva en el vientre un cepillo de dientes; tampoco un tumor. La ciencia enseña que desde el momento de la concepción, el nuevo ser tiene todo el código genético. Es impresionante. No es, entonces, una cuestión religiosa, sino claramente moral con base científica, porque estamos en presencia de un ser humano.

—¿Pero la graduación moral de la mujer que aborta es la misma que la de quien lo practica?

—No hablaría de graduación. Pero sí a mí me da mucha más —no digo lástima—, sino compasión, en el sentido bíblico de la palabra, o sea, de compadecerse y acompañar, una mujer que aborta por vaya uno a saber qué presiones, que aquellos profesionales —o no profesionales— que actúan por dinero y con una frialdad única.

Más aún, en las clínicas, que practican clandestinamente el aborto, se las "sacan de encima" inmediatamente por temor a posibles denuncias y a que aparezca la policía. Las mandan, sin más, a la casa y, si se desangran, "que se joroben". Esa frialdad contrasta con los problemas de conciencia, los remordimientos que, al cabo de unos años, tienen muchas mujeres que abortaron. Hay que estar en un confesionario y escuchar esos dramones, porque saben que mataron a un hijo.

—¿La Iglesia no cierra los caminos que evitarían muchos abortos oponiéndose a la difusión de los métodos anticonceptivos y, en algunos lugares, limitando la educación sexual?

—La Iglesia no se opone a la educación sexual. Personalmente, creo que debe haberla a lo largo de todo el crecimiento de los chicos, adaptada a cada etapa. En verdad, la Iglesia siempre impartió educación sexual, aunque acepto que no siempre lo hizo de un modo adecuado. Lo que pasa es que actualmente muchos de los que levantan las banderas de la educación sexual la conciben separada de la persona humana. Entonces, en vez de contarse con una ley de educación sexual para la plenitud de la persona, para el amor, se cae en una ley para la genitalidad. Ésa es nuestra objeción. No queremos que se degrade a la persona humana. Nada más.

CAPÍTULO NUEVE

El claroscuro de la conciencia

No podíamos terminar el tramo de nuestra conversación sobre la Iglesia sin hablar de los casos de abusos sexuales a menores, cometidos por sacerdotes, y el futuro del celibato.

Los numerosos escándalos de curas pedófilos que estallaron, principalmente, en los Estados Unidos llevaron a la Santa Sede a disponer un cambio de temperamento frente a estas gravísimas situaciones que aventara cualquier sospecha de encubrimiento y conllevara una extrema severidad. Pero también potenciaron el debate sobre el celibato a partir de una supuesta relación entre una cosa y la otra. Un debate que suele incluir —entre los argumentos más blandidos— el problema de la creciente escasez de sacerdotes.

Por eso, creímos pertinente plantearle tres interrogantes básicos: ¿La eliminación del celibato disminuiría los casos de abusos sexuales? ¿Posibilitaría un crecimiento del número de sacerdotes? ¿A mediano o largo plazo se volverá optativo?

El cardenal no tomó demasiada carrera para responder.

—Veamos... Empiezo por lo último... si la Iglesia va a revisar alguna vez el celibato... Por lo pronto, debo decir que no me gusta jugar de adivino. Pero, en el supuesto caso de que la Iglesia decidiera revisar esa norma, creo que no lo haría por la escasez de sacerdotes. Tampoco pienso que sería una disposición para todos los que quisieran abrazar el sacerdocio. Si hipotéticamente alguna vez lo hiciera, sería por una cuestión cultural, como es el caso de Oriente, donde se ordenan hombres casados. Allí, en una época determinada y en una cultura determinada, fue así y siguió siendo así hasta hoy. Insisto: si la Iglesia llegara alguna vez a revisar esa norma, lo encararía como un problema cultural de un lugar determinado, no de una manera universal y como una opción personal. Eso es mi convicción.

—¿Pero deberá encararse alguna vez?

—En este momento sigo estando con lo que dijo Benedicto XVI: que el celibato se mantiene, y estoy convencido de ello. Ahora bien, ¿cómo repercute su permanencia en la cantidad de vocaciones? No estoy seguro de que su supresión vaya a provocar un aumento de las vocaciones como para paliar la escasez. Por otra parte, le escuché decir una vez a un sacerdote que la eliminación del celibato le permitiría no estar solo y tener una mujer, pero que también con ello se estaría comprando una suegra... (Risas)

—Suponemos que tendrá otras ventajas...

—Fuera de broma, varias ventajas.

—¿Pero qué decirles a aquellos que piensan que puede prevenir perversiones sexuales?

—El 70 % de los casos de pedofilia se producen en el entorno familiar o vecinal. Hemos leído crónicas de chicos abusados por sus papás, sus abuelos, sus tíos, cuando no por sus padrastros. O sea, son perversiones de tipo psicológico previas a una opción celibataria. Si hay un cura pedófilo, es porque lleva la perversión desde antes de ordenarse. Y tampoco el celibato cura esa perversión. Se la tiene o no se la tiene. Por eso hay que tener mucho cuidado en la selección de los candidatos al sacerdocio. En el seminario metropolitano de Buenos Aires admitimos aproximadamente al 40% de los que se presentan. Hacemos un cuidadoso seguimiento de su proceso madurativo. Hay muchos que no tienen vocación y abandonan, más allá de que son excelentes personas que después se casan y terminan siendo unos laicos maravillosos en las parroquias.

—¿Siempre fueron exigentes o lo son desde la ola de escándalos?

—Desde hace muchos años a aquí aumentó la exigencia. Les hacemos un test en profundidad a todos, que determina una selección. Una persona con una psicosis de cualquier tipo puede derivar en una conducta megalómana, deshonesta o delictiva. Recuerdo el caso de un chico que evidenciaba muchas rarezas. Dispuse que fuese a ver a una psiquiatra, a una de las cinco más grandes intérpretes del test de Roscharch en la Argentina, que estableció estar en presencia de uno de los casos de psicosis paranoica más grave que vio. Pero la selección tiene que ser rigurosa no sólo en lo humano, sino también en lo espiritual. Debemos exigir una vida de oración seria —siempre les pregunto a los seminaristas cómo rezan— y una entrega a los demás y a Dios bien a fondo.

—Más allá del seguimiento vocacional, siguen habiendo deserciones del ministerio sacerdotal, sobre todo para formar una pareja.

—El celibato es una opción de vida como sería, por ejemplo, vivir en pobreza. Hay momentos en que se puede volver crítica si el sacerdote conoce a una mujer en la parroquia y cree que se enamoró. A los sacerdotes se les presentan situaciones, digamos, de enamoramiento, y eso es normal. Es una cruz y una nueva oportunidad para reafirmar la opción por Dios. Pero cuidado: hay que saber distinguir entre un verdadero enamoramiento, un mero entusiasmo o una atracción sexual. Es cierto que, a veces, se produce el enamoramiento y el sacerdote tiene que revisar su sacerdocio y su vida. Entonces va al obispo, le informa "hasta acá llegué...no sabía que iba a sentir algo tan lindo...a esta mujer realmente la amo..." y pide dejar el ministerio sacerdotal.

—¿Y usted que hace frente a esos casos?

—Soy el primero en acompañar a un sacerdote en ese momento de su vida; no lo dejo solo, lo acompaño en todo el camino; en la elaboración espiritual de lo que está viviendo. Si está seguro de su decisión, incluso lo ayudo a conseguir trabajo. Eso sí, lo que no permito es la doble vida. Si no puede llevar su ministerio, le pido que se quede en su casa, que solicitemos lo que llamamos "la dispensa", el permiso a Roma y así pueda estar en condiciones de recibir el sacramento del matrimonio. Pero no debe escandalizarse a una comunidad, no puede maltratarse el alma de un feligrés. La misericordia de Dios tiene lugar para todos.

—Pero hay psicólogos que dicen que la Iglesia juega mucho con la culpa y, sacerdotes, a su vez, que advierten sobre la pérdida del sentido del pecado.

—Para mí el sentirse pecador es una de las cosas más lindas que le puede suceder a una persona, si la lleva hasta las últimas consecuencias. Me explico: San Agustín, hablando de la redención, viendo el pecado de Adán y Eva y viendo la pasión y resurrección de Jesús, comenta: Feliz pecado que nos mereció tal redención. Esto lo cantamos en la noche de Pascua: 'Feliz culpa, feliz pecado'. Cuando una persona toma conciencia de que es pecador y que es salvado por Jesús, se confiesa esta verdad a sí misma y descubre la perla escondida, el tesoro enterrado. Descubre lo grande de la vida: que hay alguien que lo ama profundamente, que dio su vida por él.

—¿O sea que, según su razonamiento, la pérdida del sentido del pecado dificulta el encuentro con Dios?

—Hay gente que se cree justa, que de alguna manera acepta la catequesis, la fe cristiana, pero no tiene la experiencia de haber sido salvada. Una cosa es que a uno le cuenten que se estaba ahogando un chico en el río y que una persona se tiró a salvarlo, otra es que uno lo vea y otra cuestión es que sea yo el que me esté ahogando y otro se tire para salvarme. Hay gente a la que le contaron, que no vio, no quiso ver o no quiso saber qué le pasaba a ese niño y siempre tuvo tangenciales escapatorias a la situación de ahogo y carece, entonces, de la experiencia de saber qué es. Creo que solamente los grandes pecadores tenemos esa gracia. Suelo decir que la única gloria que tenemos, como subraya San Pablo, es ser pecadores.

—Al final, termina siendo una ventaja para el creyente... (Risas)

—Bueno, no nos olvidemos que el no creyente también puede beneficiarse de sus fallos. Si un agnóstico o un ateo es consciente de la debilidad de su existencia y sabe que actuó mal, siente dolor por ello y quiere superar esa situación, se engrandece. Por tanto, esa falla le sirve como trampolín para su crecimiento. El alcalde de una gran ciudad europea contaba, una vez, que todas las noches terminaba su jornada con un examen de conciencia. Si bien era agnóstico, sabía que su vida tenía un sentido y se esforzaba por corregir su conducta. Lo malo le servía para ser mejor.

—Esta perspectiva, cuanto menos, permite afrontar de otra manera el tema de "la culpa" en el catolicismo.

—Ciertamente. Por eso, para mí el pecado no es una mancha que tengo que limpiar. Lo que debo hacer es pedir perdón y reconciliarme, no ir a la tintorería del japonés de la vuelta de mi casa. En todo caso, debo ir a encontrarme con Jesús que dio su vida por mí. Es una concepción bien distinta del pecado. Dicho de otra manera: el pecado asumido rectamente es el lugar privilegiado de encuentro personal con Jesucristo Salvador, del redescubrimiento del profundo sentido que Él tiene para mí. En fin, es la posibilidad de vivir el estupor de haberme salvado.

—Para cerrar esta temática, recurrimos a una cita de Juan Pablo II, quien observaba en la sociedad una situación paradójica: una creciente indiferencia religiosa, por un lado, y una muy fuerte búsqueda religiosa, no siempre por caminos ortodoxos, por el otro. ¿Qué opina?

—Efectivamente. Hay negación de Dios a través de los procesos secularizantes, de las malas autonomías humanas. Y hay búsqueda de Dios de mil maneras que exige poner cuidado para no caer en una experiencia consumista o, a lo sumo, en una "trascendencia inmanente", que no termina de plasmarse en una verdadera religiosidad. Lo que pasa es que es más difícil entrar en contacto personal con Dios; un Dios que me espera y me ama; no con algo difuso. El panteísmo en el aire, tipo spray, no se sostiene. A la larga, necesita plasmarse en un ídolo y se termina así adorando a un árbol o viendo a Dios en un árbol.

—También es cierto que mucha gente dice que cree en Dios, pero no en los curas.

—Y... está bien. Muchos curas no merecemos que crean en nosotros.

CAPÍTULO DIEZ

Un país que no termina de despegar

En un país como la Argentina, que vive de crisis en crisis, la reflexión sobre las razones de su incapacidad para desarrollar todo su potencial y que los beneficios lleguen a todos se impone. Quisimos compartir con el cardenal un artículo del ex presidente de Uruguay, Julio María Sanguinetti, en el que éste subrayaba centralmente: "Alguna vez alguien dijo que los países podrían clasificarse en cuatro categorías: primero, los desarrollados; luego, los subdesarrollados; tercero, Japón, que no puede explicarse que sea desarrollado y, finalmente, la Argentina, que nadie puede explicar cómo es subdesarrollado". Más allá de la ironía, hay una aguda observación, un aserto provocador, que suscita muchos interrogantes.

A partir de esa observación, le planteamos a Bergoglio tres inquietudes directamente relacionadas:

—¿Puede haber sido una desventaja el contar con tanta riqueza potencial? ¿En qué medida perjudicó a los argentinos que todo, de alguna manera, estuviera dado, a diferencia de la realidad que dejaban atrás los inmigrantes? ¿Era necesario que el país atravesara una crisis como la de principios de este siglo para que se tomara conciencia de la cruel paradoja de que, en un país con capacidad para alimentar a 300 millones de personas, la desnutrición no es una rareza?

—Primero, quiero hacer un par de apuntes que vienen a cuento. Según los italianos, en la Argentina tiran una semilla en la calle y crece enseguida una planta. Además, no conciben a las vacas pastando libremente, sino en establos. En los tiempos de mi padre, en su casa de la montaña, en el norte de Italia, el establo estaba pegado a la vivienda para que el calor de los animales sirviera de calefacción. Los animales no salían a pastar, les llevaban la hierba y los granos. La verdad es que no sé si nuestra gran riqueza habrá contribuido a hacernos las cosas fáciles, pero sí puedo afirmar que no hemos explotado lo que tenemos. En el día del juicio delante de Dios, nos contaremos entre los que enterraron el talento dado y no lo hicieron fructificar. No sólo en agricultura y ganadería, sino también en minería. La riqueza minera de la Argentina es impresionante. Claro, tenemos mucha montaña. Además, con toda la costa que hay, no estamos acostumbrados a comer pescado, ni a elaborarlo para exportar. En otras palabras, a lo largo de nuestra historia, no creamos fuentes de trabajo basadas en nuestros recursos. No puede ser que las fuentes de trabajo estén principalmente bordeando las grandes ciudades, el gran Buenos Aires, el gran Rosario… No puede ser.

—Pero es…

—Seguramente ustedes conocen aquel cuento que relata que varios embajadores van a verlo a Dios para quejarse porque, a diferencia de sus naciones, había dotado a la Argentina de tantas riquezas y el Todopoderoso les responde: "Sí, pero también les di argentinos." Bromas aparte, es claro que no estuvimos a la altura de las circunstancias. Pero todavía estamos a tiempo de dar vuelta la página.

—Los datos del crecimiento de la pobreza son elocuentes. La Argentina pasó del 4% de pobres, a comienzos de los setenta a más del 50% durante la crisis de 2001. Hoy hay tanta gente que pasa hambre...

—Con ocasión de la festividad de San Cayetano, patrono del pan y del trabajo, cité la letra de una canción del padre Julián Zini que destaca que no es posible morirse de hambre en la tierra bendita del pan, porque es una tremenda injusticia que en nuestra patria bendita en la que, como dije, Dios nos dio todo, falte el pan y el trabajo. Es una enorme injusticia y una flagrante irresponsabilidad en la distribución de sus recursos. Cuando desde la Iglesia lo señalamos, enseguida surgen quienes consideran que estamos hablando contra el Gobierno. Pero hace años que, más allá de algunas bajas momentáneas, la pobreza crece. No es una cuestión coyuntural.

—¿Es un problema de políticas económicas equivocadas? ¿O es un asunto más complejo?

—Yo diría que, en el fondo, es un problema de pecado. Desde hace unos cuantos años, la Argentina vive una situación de pecado, porque no se hace cargo de la gente que no tiene pan, ni trabajo. La responsabilidad es de todos. Es mía, como obispo. Es de todos los cristianos. Es de quienes gastan el dinero sin una clara conciencia social. Acá en Buenos Aires, en la elegante zona de Puerto Madero hay 36 restaurantes en los que no sé cuánto cuesta una cena, pero seguro que no la cobran $ 20. En una punta está la villa Rodrigo Bueno y en la otra, la famosa villa 31, de Retiro. En ambas, hay gente que pasa hambre. Esto revela una falta de conciencia social. Cuanto mucho unas pocas veces damos una limosna, incluso, sin mirar a los ojos a los pobres, como una forma de lavar culpas.

—Es fuerte lo que dice…

—Ocurre que —como lo expresé en una visita a la radio del santuario de San Cayetano— es un deber compartir la alimentación, el vestido, la salud, la educación con nuestros hermanos. Algunos podrán aseverar: "¡Qué cura comunista éste!". No, lo que digo es Evangelio puro. Porque, ojo, vamos a ser juzgados por esto. Cuando Jesús venga a juzgarnos le va a decir a algunos: "Porque tuve hambre y me diste de comer, tuve sed y me diste de beber, estaba desnudo y me vestiste, estuve enfermo y me visitaste." Y, entonces, se le preguntará al Señor: "¿Cuándo hice esto porque no me acuerdo? Y el responderá: "Cada vez que lo hiciste con un pobre lo hiciste conmigo." Pero también le va a decir a otros: "Váyanse de acá, porque tuve hambre y no me dieron de comer." Y, también, nos reprochará el pecado de haber vivido echándole la culpa por la pobreza a los gobernantes, cuando la responsabilidad, en la medida de nuestras posibilidades, es de todos.

—El problema es que hay vastas capas de las nuevas generaciones que no tienen un nivel mínimo de educación o que no fueron formadas en la cultura del trabajo. La movilidad social que caracterizó a la Argentina, aquello de "m'hijo, el doctor", está, cuanto menos, seriamente amenazada.

—Puede ser, pero podemos hacer mucho para revertirlo. Pongo, como ejemplo, la obra del padre Di Paola en la villa 21 del barrio porteño de Barracas. A los chicos que se drogaban, el padre Pepe les dio una alternativa: una escuela de artes y oficios, que surgió con una antigua crisis en Europa y que, a partir de la suscitada aquí en 2001, volvió a ponerse en marcha, porque la situación era la misma. Los pibes salen a los dos años con un título de obrero especializado que el Estado reconoce. O sea, se los forma en el esfuerzo. Lo que tiene de bueno el trabajo, retomando un poco lo que antes decía, es que uno ve el resultado y se siente "divino", se siente como Dios, capaz de crear. En cierto sentido, se siente como un hombre y una mujer que tienen en brazos a su primer hijo. La capacidad de crear les cambia la vida. Bueno, el pibe que trabaja siente lo mismo. La cultura del trabajo, unida al ocio sano, es insustituible.

—¿Una crisis tan profunda como la de principios de este siglo nos hará recapacitar?

—Permítanme traer a colación el caso de Japón que el doctor Sanguinetti mencionaba. Recordemos: termina la Segunda Guerra, el país queda sumido en un gran fracaso. No sólo sufren la espantosa destrucción atómica de ciudades enteras, que sella todo el luctuoso saldo de la conflagración, sino que también padecen el gran fracaso cultural cristalizado en el mensaje radial del emperador, cuando dice que él no es de condición divina. A partir de entonces, los japoneses empezaron a reconstruir su país. En sus puertos, que habían sufrido los bombardeos, los chicos, los jóvenes, los hombres se tiraban al mar con una llave inglesa para sacar de los barcos hundidos —y también de los aviones que cayeron— trozos de hierro para las fundiciones, que darían paso a las acerías japonesas. Arrancaron, pues, de cero.

—¿Y usted cree que podría haber una reacción parecida en la Argentina?

—Lo que puedo decir es que existen muchos ejemplos a lo largo de la historia que muestran que la capacidad creativa para generar trabajo y salir adelante suele aparecer, especialmente, en las crisis más profundas, cuando "no queda otra". Tal vez, la Argentina llegó a ese punto…

CAPÍTULO ONCE

La construcción
de una cultura del encuentro

Otra de las razones que, comúnmente, se esgrime a la hora de explicar la decadencia argentina es la incapacidad de sus ciudadanos para actuar como una sociedad articulada. Que, más allá de las potencialidades individualidades, éstas no terminan de expresarse colectivamente. En ese sentido, el cardenal Bergoglio suele apuntar que el país sufre de algo más, peor que el no saber jugar en equipo: un clima permanente de desencuentro —no exento de frecuentes antinomias—, que conspira contra la búsqueda de grandes consensos y la configuración de un proyecto de nación. Como contrapartida, insiste en la necesidad de una "cultura del encuentro".

—¿Puede hablarnos de su propuesta?

—Claro. La cultura del encuentro es lo único que hace que la familia y los pueblos vayan adelante. En el friso de la catedral de Buenos Aires está graficado el encuentro entre José y sus hermanos. Uno se podría preguntar qué tiene que ver José y sus hermanos con el principal templo porteño. Sucede que se plasmó en la época de la Reorganización Nacional para significar el deseo de encuentro de todos los argentinos. Por cierto que ésa es una deuda pendiente, porque a los argentinos nos cuesta encontrarnos. Somos especialmente sectarios, enseguida armamos el boliche propio. Un ejemplo lo constituyó la cantidad de sub-lemas que se inscribieron para las elecciones de 2007 en la provincia de Misiones: alrededor de... ¡1900! Para las presidenciales de ese año se presentaron 18 fórmulas. Ahora bien, o somos unos fenómenos que tenemos 18 genios para dirigir el país, o somos unos tontos que no sabemos ponernos de acuerdo. Insisto: nos cuesta mucho el encuentro; tendemos, más bien, a señalar lo que nos separa y no lo que nos une; tendemos a potenciar el conflicto, en vez del acuerdo. Me animaría a decir que nos encanta guerrear entre nosotros.

—¿Hay alguna razón histórica?

— Quizá el caudillismo tuvo mucho que ver. No hay que olvidar que la Reorganización Nacional se procuró en base a los caudillos, que fueron confluyendo sin terminar de plasmarla. Cuando Carlos Menem, siendo presidente, quiso repatriar los restos de un caudillo, como Juan Manuel de Rosas, enfrentó una gran resistencia y, al concretarlo, en lugar de ser un acontecimiento nacional —el permitir que descansen en su patria los restos de un hombre que, bien o mal, luchó por su país—, los nacionalistas se apropiaron de ese hecho y lo transformaron en un acto sectario. No faltó algún conspicuo asistente que se puso el característico poncho rojo. Hasta el cura, que rezó el responso, se lo colocó arriba de la sotana, algo aún más desacertado, porque el sacerdote debe ser universal. En definitiva, fue una nueva manifestación del desencuentro nacional.

LA FAMILIA PATERNA.
El abuelo Juan, el padre
Mario José Francisco y la
abuela Rosa Margarita Vasallo.

LA FAMILIA MATERNA. De pie: el tío Oscar Adrián Sívori,
la madre Regina María Sívori, y la tía, Catalina Ester Sívori de Picchi.
Sentados: el tío Vicente Francisco Sívori, el abuelo Francisco Sívori
Sturla, la abuela María Gogna de Sívori y el tío Luis Juan Sívori.

LOS PADRES. Regina María Sívori y Mario José Francisco Bergoglio
en el día de su casamiento, el 12 de diciembre de 1935.

EN LA ESCUELA SECUNDARIA (Industrial Nº 12, hoy Nº 27).
El alumno Jorge Mario, el primero por la derecha,
junto a dos compañeros de primer año.

LA FAMILIA. De pie: el hermano Alberto Horacio, el padre
Jorge Mario, el hermano Oscar Adrián y la hermana Marta Regina.
Sentados: la hermana María Elena, la madre Regina María Sívori
y el padre Mario José Francisco Bergoglio.

1973. Padre
Jorge Mario Bergoglio.

1978. Padre Jorge Mario Bergoglio.

EN LA VILLA. El cardenal Bergoglio durante una visita
al asentamiento de Barracas en 2007.

JUEVES SANTO. El cardenal Bergoglio lava los pies de doce vecinos
de la villa porteña de Barracas. A su lado, el padre Pepe Di Paola.

OTRO JUEVES SANTO. El cardenal Bergoglio lava los pies de doce niños internados en el Hospital Garrahan de Buenos Aires en 2009.

CON LOS CARTONEROS. El cardenal Bergoglio junto a un carro recolector durante una misa que ofició en Plaza Constitución en 2009.

EN EL METRO. El cardenal Bergoglio conversa con un pasajero durante uno de sus habituales viajes en el metro de Buenos Aires, en 2007.

SAN CAYETANO. El cardenal Bergoglio saluda frente al santuario porteño de Liniers a los fieles, luego de la celebración de la festividad del patrono del pan y el trabajo en 2009.

TEDEUM. El cardenal Bergoglio al pronunciar la homilía
del tradicional oficio por el 25 de mayo, fecha patria argentina,
en la catedral metropolitana, en 2005.

—Suponemos que en tiempos de crisis, donde todo lo "establecido" suele tambalear, el planteo adquiere una mayor vigencia…

—La palabra *crisis* viene del griego y significa *zarandear*. La criba, la zaranda, permite salvar lo que hay que salvar y descartar lo demás. En este momento creo que, o se apuesta a la cultura del encuentro, o se pierde. Las propuestas totalitarias del siglo pasado —fascismo, nazismo, comunismo o liberalismo— tienden a atomizar. Son propuestas corporativas que, bajo el cascarón de la unificación, tienen átomos sin organicidad. El desafío más humano es la organicidad. Por ejemplo, el capitalismo salvaje atomiza lo económico y social, mientras que el desafío de una sociedad es, por el contrario, cómo establecer lazos de solidaridad.

—¿Cómo se avanza hacia una "cultura del encuentro"?

—Por lo pronto, reflexionando a fondo sobre lo que es la cultura del encuentro humano. Una cultura que supone, centralmente, que el otro tiene mucho para darme. Que tengo que ir hacia él con una actitud de apertura y escucha, sin prejuicios, o sea, sin pensar que porque tiene ideas contrarias a las mías, o es ateo, no puede aportarme nada. No es así. Toda persona puede aportarnos algo y toda persona puede recibir algo de nosotros. El prejuicio es como un muro que nos impide encontrarnos. Y los argentinos somos muy prejuiciosos; enseguida, etiquetamos a la gente para, en el fondo, esquivar el diálogo, el encuentro. Así, terminamos fomentando el desencuentro que, a mi juicio, alcanza la categoría de una verdadera patología social.

—¿Es sólo una cuestión de prejuicios o hay algo más?

—Creo que también es un problema comunicacional fomentado por tres acciones: la desinformación, la difamación y la calumnia. La primera consiste en no dar nunca la información completa sobre una persona o un episodio y entrar rápidamente en el chisme. Los mismos medios toman algunas veces sólo lo conflictivo, aunque sea un enfoque muy parcial. Para mí, la desinformación es la actitud más peligrosa, porque decir una parte de la verdad marea, desorienta al receptor. La difamación y la calumnia son más graves moralmente que la desinformación, pero quizá no tan dañinas en el plano del encuentro. Por otra parte, nuestra psicología nos lleva mucho al conventillo. ¿Qué es el chisme? Es una verdad sacada de contexto. Es aquello del tango que dice: "qué vergüenza, vecina, vestirse de blanco después de que pecó." Y la psicología del conventillo nos lleva al desencuentro. Una vez me llamó un obispo indignado por una declaración de una persona que se había basado en un chisme, totalizando una verdad parcial. Le sugerí que no le hiciera caso, que considerara que era un chisme de barrio.

—Advierten los psicólogos que, cuando se carece de identidad se busca afirmarla por la negativa, descalificando al otro...

—Efectivamente. Uno no dice yo soy, sino yo no soy. Llegamos a bajar al otro para quedar más alto nosotros. Convengamos que la falta de identidad es falta de pertenencia. Llegados a este punto, me parece importante distinguir entre nación, país y patria. El país es el ámbito geográfico, con una ubicación geopolítica; la nación es la organización nacional con su historia y sus leyes, y la patria es un patrimonio —de allí viene la palabra—, es lo más valioso que se tiene, lo que se recibió de los que estuvieron antes. Todo lo que ellos hicieron por la patria, la nación y el país constituye un legado que debo transmitir a los demás, pero acrecentado. Esto es lo que establece la diferencia con los restauracionistas, para los cuales la patria es aquello que recibí y que tengo que conservar tal como lo recibí. De esa manera, a mi criterio, se mata a la patria, no se la deja crecer. Todo patrimonio tiene que ser utópico; se deben mantener sus raíces, pero hay que dárselo a los hijos con la ilusión de que lo sigan desarrollando. No nos olvidemos que las utopías hacen crecer. Claro que el peligro no es sólo caer en la clausura de la reflexión, del quehacer patriótico, como decía, en quedarse en lo que se recibió y no ir más allá, sino también en la utopía a-histórica, sin raigambre, en la utopía loca, en la pura utopía.

—En este marco, ¿cómo se afirma esa identidad que posibilita el encuentro?

—A mi criterio, lo que afirma la identidad de una persona y de una patria son tres horizontes claves: En primer lugar, el horizonte de la trascendencia, que mira a Dios y posibilita la trascendencia hacia los demás. ¿Y el que no cree? Puede trascender, por lo menos, a través de los otros, lo cual permite evitar el aislamiento. Pero, sin el otro, no tengo trascendencia. En segundo lugar, el horizonte de la diversidad, que es lo que enriquece a un pueblo. Una diversidad organizada y armonizada. Finalmente, el horizonte de la proyección que lleva, luego de mirar hacia atrás para ver lo que se recibió, a enfocar hacia delante, hacia donde se quiere y se debe ir. Son tres horizontes para defender la persona y la patria que, expresados por la negativa, significan: "No" al ateísmo, es decir, a la carencia de trascendencia; "no" a la supremacía de los poderosos que generan el pensamiento único o hegemónico, negador de la diversidad, y "no" a los progresismos a-históricos. Así, se posibilita el encuentro.

—¿Considera que usted hace todo lo posible para contribuir a la cultura del encuentro? ¿Algunos llegaron a acusarlo de ser una especie de líder de la oposición al gobierno de Néstor Kirchner?

—Todo lo que sea desencuentro me duele. Confieso, incluso, que más de una vez me acusé de no haber puesto todos los medios a mi alcance para llegar a una comunión con alguien en conflicto. Eso también me duele y lo considero un pecado. Pero considerarme a mí un opositor me parece una manifestación de desinformación. Creo que a la gente le constan mis esfuerzos —aunque no quisiera particularizar en mi persona, sino referirme a toda la Iglesia— por tender puentes con todos, pero con dignidad.

—Luego de la visita que usted —junto a las otras autoridades del Episcopado— le hizo a Kirchner en 2003, con motivo de su asunción como presidente, nunca más se volvieron a reunir. ¿Debemos deducir de sus palabras que no estaban dadas las condiciones para que usted le pidiera una audiencia?

—No quiero mirar hacia atrás. Sólo afirmo lo que ya dije: mi esfuerzo y el de toda la Iglesia para tender puentes, pero con dignidad.

—¿O sea que si Kirchner le hubiese pedido verlo, habría accedido?

—Por supuesto. Además, en 2006 le mandé una carta para invitarlo a la ceremonia de recordación de los cinco sacerdotes y seminaristas palotinos asesinados durante la dictadura, al cumplirse treinta años de esa masacre perpetrada en la iglesia de San Patricio.

—Nunca se supo que usted lo había invitado…

—Más aún: como no era una misa lo que iba a realizarse, cuando llegó a la iglesia, le pedí que presidiera la ceremonia, porque siempre lo traté, durante su mandato, como lo que era: el presidente de la Nación.

—¿Se siguió viendo con otros miembros de aquel Gobierno?

—Por cierto. Como con todo el mundo. Por otra parte, cuando dirigentes de los distintos sectores me piden una orientación, mi respuesta es siempre la misma: dialoguen, dialoguen, dialoguen...

CAPÍTULO DOCE

"También me gusta el tango"

El cardenal Bergoglio siempre era extremadamente puntual a la hora de recibirnos en la sede del arzobispado. Pero un día demoró en salir a nuestro encuentro. Pensamos que urgencias propias de su cargo lo retrasaban.

Mientras aguardábamos en la recepción, lo vimos pasar con un termo y unas facturas. Nos llamó la atención, porque no suele hacerse un lugar entre las audiencias para colaciones. Unos minutos más tarde, lo vimos despidiendo a un matrimonio y sus dos hijos, de condición humilde. Después nos enteramos que el termo —con agua caliente para el mate— y las facturas eran para esa familia, oriunda del Chaco, que había conocido accidentalmente al cardenal y que quiso ir a saludarlo antes de emprender el regreso a su provincia. Pese a lo inesperado de la visita, Bergoglio los acogió con delicadeza, se interesó por su situación y los despidió con un afectuoso abrazo.

—Perdón por la demora, pero la venida de esta familia no estaba prevista—, se disculpó, mientras nos encaminábamos a la sala de audiencias.

Lo que el cardenal no se imaginó es que el cálido episodio que acabábamos de presenciar nos llevó a modificar el planteamiento que habíamos concebido para la charla. Nos provocó dejar de lado el cuestionario habitual sobre un tema puntual y, en cambio, querer indagar acerca de su personalidad. Por una vez, nada de preguntas sobre problemáticas religiosas, sociales o culturales. Queríamos conocer aspectos de su vida cotidiana, sus costumbres, sus gustos, sus afectos. Conocer, en fin, al hombre detrás del alto dignatario eclesiástico, diríamos apelando a un lugar común en el periodismo.

Bergoglio aceptó nuestra propuesta con una salvedad: "Eso sí, nada de tipo Corín Tellado", dijo en alusión a la famosa escritora española de novelas románticas. "Un poco no estaría mal", le retrucamos, curiosos. Y comenzamos…

—¿Cómo se presentaría ante un grupo que no lo conoce?

—Soy Jorge Bergoglio, cura. Es que me gusta ser cura.

—¿Un lugar en el mundo?

—Buenos Aires.

—¿Una persona?

—Mi abuela.

—¿Cómo prefiere enterarse de las noticias?

—Leyendo los diarios. La radio la enciendo para escuchar música clásica.

—¿Internet?

—Tal vez haga como uno de mis antecesores, el cardenal Aramburu, que empezó a usarla cuando se retiró, después de cumplir 75 años.

—Viaja mucho en subterráneo. ¿Es su transporte predilecto?

—Lo tomo casi siempre por la rapidez, pero me gusta más el colectivo, porque veo la calle.

—¿Tuvo novia?

—Sí. Formaba parte de la barra de amigos con la que íbamos a bailar.

—¿Por qué finalizó el noviazgo?

—Descubrí mi vocación religiosa.

—¿Tiene algún familiar que también abrazó la vocación religiosa?

—Sí, el hijo de mi hermana Marta. Es sacerdote jesuita como yo.

—¿Alguna afición?

—De joven coleccionada estampillas. Ahora, leer, que me gusta mucho, y escuchar música.

—¿Una obra literaria?

—La poesía de Hölderlin me encanta. También, muchas obras de la literatura italiana.

—¿Por ejemplo?

—A *I promessi sposi* la habré leído cuatro veces. Otro tanto a *La Divina Comedia*. Me llegan Dostoievsky y Marechal.

—¿Borges? Usted lo trató.

—Ni qué decir. Además, Borges tenía la genialidad de hablar prácticamente de cualquier cosa sin mandarse la parte. Era un hombre muy sapiencial, muy hondo. La imagen que me queda de Borges frente a la vida es la de un hombre que acomoda las cosas en su sitio, que ordena los libros en los anaqueles como el bibliotecario que era.

—Borges era agnóstico.

—Un agnóstico que todas las noches rezaba el Padrenuestro, porque se lo había prometido a su madre y que murió asistido religiosamente

—¿Una composición musical?

—Entre las que más admiro está la obertura Leonera número tres de Beethoven en la versión de Furtwängler, es a mi entender el mejor director de algunas de sus sinfonías y de las obras de Wagner.

—¿Le agrada el tango?

—Muchísimo. Es algo que me sale de adentro. Creo conocer bastante de sus dos etapas. De la primera etapa, mis preferidos son la orquesta de D'Arienzo y, como cantantes, Carlos Gardel, Julio Sosa y Ada Falcón, que después se convirtió en monja. A Azucena Maizani le di la extremaunción. La conocía, porque éramos vecinos, y cuando me enteré de que estaba internada, fui a verla. Recuerdo que me encontré allí con Virginia Luque y Hugo Del Carril. De la segunda etapa, admiro mucho a Astor Piazzola y a Amelita Baltar, que es la que mejor canta sus obras.

—¿Sabe bailarlo?

—Sí. Lo bailé de joven, aunque prefería la milonga.

—¿Una pintura?

—*La Crucifixión Blanca*, de Marc Chagall.

—¿Qué tipo de películas le gustan?

—Las de Tita Merello, por supuesto, y las del neorrealismo italiano en las que mis padres me iniciaron, junto a mis hermanos. No nos dejaron faltar ni una de Ana Magnani y Aldo Fabrizi, que —al igual que con las óperas— también nos explicaron. Nos marcaban dos o tres cosas para orientarnos; íbamos al cine de barrio donde pasaban tres películas seguidas.

—¿Alguna película que recuerde especialmente?

—*La Fiesta de Babette*, más reciente, me llegó muchísimo. Y muchas del cine argentino. Me acuerdo de las hermanas Legrand, Mirtha y Silvia, en la película *Claro de Luna*. Tenía 8 ó 9 años. Una del gran cine argentino fue Los Isleros, dirigida por Lucas Demare, una obra maestra. Y hace unos años, me divertí con *Esperando la Carroza*, pero ya no voy al cine.

—¿Su deporte preferido?

—De joven, practicaba el básquet, pero me gustaba ir a la cancha a ver fútbol. Íbamos toda la familia, incluida mi mamá —que nos acompañó hasta 1946— a ver a San Lorenzo, el equipo de nuestros amores: mis padres eran de Almagro, el barrio del club.

—¿Algún recuerdo futbolístico en especial?

—La brillante campaña que el equipo hizo ese año. Aquel gol de Pontoni que casi merecería un premio Nobel. Eran otros tiempos. Lo máximo que se le decía al réferi era atorrante, sinvergüenza, vendido... O sea, nada en comparación con los epítetos de ahora.

—¿Qué idiomas habla?

—Parloteo el italiano (en realidad, pudimos comprobar que lo habla perfectamente). En cuanto a otros idiomas, debería precisar, por la falta de práctica, "los que hablaba". El francés lo manejaba de corrido y, con el alemán, me desenvolvía. El que más que costó siempre fue el inglés, sobre todo la fonética, porque tengo mal oído. Y, por supuesto, entiendo el piamontés, que fue el sonido de mi infancia.

—¿Cuál fue su primer viaje al exterior?

—A Colombia, en 1970. Después visité los noviciados de América Latina. En México, conocí por primera vez un barrio cerrado, algo que en aquella época todavía no existía en la Argentina. Me asombró ver cómo un grupo se segregaba del resto de la sociedad.

—¿Cuándo viajó a Europa por primera vez?

—El 4 de setiembre de 1970. Fui primero a Madrid y, luego, visité los noviciados del resto de Europa. Otro de los viajes que siguieron fue a Irlanda para ejercitar el inglés. Me acuerdo que viajé la Navidad del ochenta y que, al lado mío, estaba sentado un matrimonio anciano judío que iba a Jerusalén. Simpatiquísimos. Cuando después de la cena anunciaron que, por ser un día de fiesta, nos servirían helado, el hombre manifestó compungido que no podía ingerirlo ya que había comido carne. Como se sabe, ellos no mezclan la carne con la leche, que es la base con la que se prepara el helado. Sin embargo, instantes después me miró con una sonrisa cómplice y exclamó: "¡Pero hoy es Navidad, padre!" Y se mandó el helado, nomás. Casi le doy un beso...

—¿Cómo fue el encuentro con sus familiares en Italia? ¿Qué sintió al conocer la región de sus ancestros?

—¿Y qué puedo decir? Que me sentí como en casa hablando en piamontés. Conocí a un hermano de mi abuelo, a mis tíos, a mis primos. La mayor de mis primas tiene 78 años y cuando voy a visitarla me parece como si siempre hubiera vivido allí. La ayudo en las tareas hogareñas, pongo la mesa... De todas formas, le escapo a los viajes.

—¿Por qué?

—Porque soy "casalingo", una palabra italiana que quiere decir hogareño. Amo mi lugar. Amo Buenos Aires.

—¿Cómo veía en sus viajes a la Argentina desde afuera?

—Con mucha nostalgia. Después de un tiempo, siempre quería volver. Recuerdo que cuando estaba en Frankfurt haciendo la tesis, por las tardes paseaba hasta el cementerio. Desde allí se podía divisar el aeropuerto. Una vez, un amigo me encontró en ese lugar y me preguntó qué hacía y yo le respondí: "Saludo a los aviones... saludo a los aviones que van a la Argentina..."

—En la vida cotidiana ¿qué constituye para usted un gran sacrificio?

—Muchas cosas. Por ejemplo, quedarme en vigilia de oración pasada la medianoche.

—A propósito, ¿cuántas horas duerme por día?

—Depende, pero suelen ser alrededor de cinco. Me acuesto temprano y me despierto sin despertador a las 4 de la mañana. Eso sí, duermo 40 minutos de siesta.

—¿Cuál es para usted la más grande de las virtudes?

—Bueno, la virtud del amor, de darle el lugar al otro, y eso desde la mansedumbre. ¡La mansedumbre me seduce tanto! Le pido siempre a Dios que me de un corazón manso.

—¿Y el peor de los pecados?

—Si considero el amor como la mayor virtud, tendría que decir, lógicamente, que el peor de los pecados es el odio, pero el que más me repugna es la soberbia, el "creérsela". Cuando yo me encontré en situaciones en que "me la creí", tuve una gran vergüenza interior y pedí perdón a Dios pues nadie está libre de caer en esas cosas.

—¿Qué es lo primero que salvaría si sufre un incendio?

—El breviario y la agenda. Lamentaría muchísimo perderlos. En la agenda, tengo todos los compromisos, las direcciones, los teléfonos. Y estoy muy apegado al breviario; es lo primero que abro a la mañana y lo último que cierro antes de acostarme. Cuando viajo en ciertas circunstancias tengo que llevar los dos tomos del breviario y los transporto en el bolso de mano. Entre sus páginas, guardo el testamento de mi abuela, sus cartas y la poesía "Rassa nôstraña", de Nino Costa, a la que hice referencia antes.

—¿Recuerda alguna carta de su abuela particularmente?

—Hay una que valoro muchísimo que me escribió medio en italiano, medio en castellano, en 1967, con motivo de mi ordenación. Por si se moría antes, tuvo la precaución de redactarla con anticipación para que, junto con un regalo que también previó, me la entregaran el día en que me convirtiese en sacerdote. Afortunadamente, cuando me ordenaron ella vivía y me pudo entregar las dos cosas. Acá tengo esa carta (toma el breviario y la busca entre sus páginas).

—¿Quiere leérnosla?

—Si, claro. "En este hermoso día en el que puedes tener en tus manos consagradas el Cristo Salvador y en el que se te abre un amplio camino para el apostolado más profundo, te dejo este modesto presente de muy poco valor material, pero de muy alto valor espiritual."

—¿Y qué dice el testamento? (Vuelve a escudriñar en el breviario.)

—En uno de los párrafos escribió: "Que éstos, mis nietos, a los cuales entregué lo mejor de mi corazón, tengan una vida larga y feliz, pero si algún día el dolor, la enfermedad o la pérdida de una persona amada los llenan de desconsuelo, recuerden que un suspiro al Tabernáculo, donde está el mártir más grande y augusto, y una mirada a María al pie de la cruz, pueden hacer caer una gota de bálsamo sobre las heridas más profundas y dolorosas."

—¿Cómo fue el momento en que, siendo un sacerdote más de la residencia jesuita de Córdoba, se enteró que iba a ser obispo auxiliar y, nada menos que, de su amada Buenos Aires?

—El que era Nuncio Apostólico en ese momento, monseñor Ubaldo Calabresi, me llamaba para consultarme acerca de algunos sacerdotes que, seguramente, eran candidatos a obispo. Un día me llamó y me dijo que esta vez la consulta debía ser personal. Como la compañía aérea efectuaba el vuelo

Buenos Aires-Córdoba-Mendoza y viceversa, me pidió que nos reuniéramos en el aeropuerto mientras el avión iba y volvía de Mendoza. Fue así que conversamos allí —era 13 de mayo de 1992—, me hizo una serie de consultas de temas serios y, cuando el avión, ya vuelto de Mendoza, estaba próximo a despegar de regreso a Buenos Aires y avisan que los pasajeros deben presentarse, me informa: "Ah... una última cosa... fue nombrado obispo auxiliar de Buenos Aires y la designación se hace pública el 20..." Así nomás, me lo dijo.

—¿Y cuál fue su reacción?

—Me bloqueé. Como señalé antes, como consecuencia de un golpe, bueno o malo, siempre me bloqueo. Y mi primera reacción es, también, siempre mala.

—¿Reaccionó igual cuando fue nombrado obispo coadjutor con derecho a sucesión del cardenal Quarracino?

—Igual. Como era su vicario general, cuando Quarracino pidió a Roma un coadjutor, yo a su vez le solicité que no me enviara a ninguna diócesis, sino volver a ser un obispo auxiliar a cargo de una vicaría zonal de Buenos Aires. "Soy porteño y fuera de Buenos Aires no sé hacer nada", le expliqué. Pero el 27 de mayo de 1997 a media mañana me llama Calabresi y me invita a almorzar. Cuando estábamos por el café, y yo me aprestaba a agradecerle el convite y despedirme, veo que traen una torta y una botella de champagne. Pensé que era su cumpleaños y casi lo saludo. Pero la sorpresa sobrevino al preguntarle. "No, no es mi cumpleaños —me respondió con una amplia sonrisa—, lo que pasa es que usted es el nuevo obispo coadjutor de Buenos Aires."

—Ya que estamos, ¿qué sintió cuando escuchó una y otra vez su nombre en la Capilla Sixtina durante los escrutinios para la elección del sucesor de Juan Pablo II?

Bergoglio se puso serio, algo tenso. Finalmente, dibujó una sonrisa y respondió:

—Al comenzar el cónclave los cardenales juramos guardar secreto; no podemos hablar de lo que sucede allí.

—Por lo menos, díganos qué sentía cuando veía su nombre entre los grandes candidatos a Papa...

—Pudor, vergüenza. Pensaba que los periodistas estaban locos.

—¿O tenían un poco de información?

—Con sus pronósticos, cubrían un amplio espectro. Decían, por caso, que los papables eran nueve y ponían dos europeos, Ratzinger entre ellos, dos latinoamericanos, entre otros. Así, achicaban el margen de error y mejoraban las chances de acertar.

—Entonces, los periodistas somos muy imaginativos...

—Muy imaginativos...

***

El ámbito donde Bergoglio vive y trabaja también habla, y mucho, de su personalidad. Lo primero que nos sorprendió fue comprobar que no usa el despacho propio del arzobispo, una oficina amplia en el segundo piso, si bien sobria, pero que puede dar sensación de poder, acaso de superioridad. Por lo que pudimos divisar, la utiliza actualmente como una especie de depósito. Su despacho está ubicado en el mismo piso, pero en una oficina muy pequeña, aún más que la de su secretaria, quien, ni siquiera, le lleva la agenda: él mismo apunta las citas en una de bolsillo. Su escritorio pequeño, luce muy ordenado.

Debajo del vidrio se ven esparcidas algunas estampitas, fotos de su actividad pastoral y una, muy conmovedora, de un aborigen del norte desnutrido.

Un piso más arriba está su habitación, que es la misma que ocupaba cuando era vicario general. En extremo austera, cuenta con una simple cama de madera, un crucifijo de sus abuelos, Rosa y Juan, y una estufa eléctrica porque, pese a que el edificio cuenta con calefacción, no permite que funcione sin la presencia de todo el personal. Por lo demás, el cuarto luce muy ordenado. "Viene una señora los martes a limpiar", nos contó. Quedó claro que él mismo arregla, diariamente, la cama. Justo enfrente, separada por un pasillo —donde hay un pedestal, que expone una bellísima imagen de un Cristo sentado, el Cristo de la paciencia, virtud que tanto subraya—, está su capilla personal, igualmente austera.

Finalmente, en una habitación contigua, posee una biblioteca llena de libros y papeles. Bergoglio comentó que está ordenando sus papeles con el fin de "no dejar trabajo para cuando me muera". Admitió que muchos de sus escritos los está tirando. "Quiero partir de este mundo dejando lo menos posible", explicó. Pero aceptó que a uno de ellos lo conserva celosamente. Es un papel descolorido por el paso del tiempo con una emotiva profesión de fe, que escribió "en un momento de una gran intensidad espiritual", poco antes de ordenarse sacerdote, y que hoy volvería a firmar.

Reza:

"Quiero creer en Dios Padre, que me ama como un hijo, y en Jesús, el Señor, que me infundió su Espíritu en mi vida para hacerme sonreír y llevarme así al reino eterno de vida.

Creo en mi historia, que fue traspasada por la mirada de amor de Dios y, en el día de la primavera, 21 de septiembre, me salió al encuentro para invitarme a seguirlo.

"Creo en mi dolor, infecundo por el egoísmo, en el que me refugio.

Creo en la mezquindad de mi alma, que busca tragar sin dar... sin dar.

Creo que los demás son buenos, y que debo amarlos sin temor, y sin traicionarlos nunca para buscar una seguridad para mí.

Creo en la vida religiosa.

Creo que quiero amar mucho.

Creo en la muerte cotidiana, quemante, a la que huyo, pero que me sonríe invitándome a aceptarla.

Creo en la paciencia de Dios, acogedora, buena como una noche de verano.

Creo que papá está en el cielo junto al Señor.

Creo que el padre Duarte[1] también está allí intercediendo por mi sacerdocio.

Creo en María, mi madre, que me ama y nunca me dejará solo.

Y espero la sorpresa de cada día en la que se manifestará el amor, la fuerza, la traición y el pecado, que me acompañarán hasta el encuentro definitivo con ese rostro maravilloso que no sé cómo es, que le escapo continuamente, pero que quiero conocer y amar. Amén."

La escenografía de su biblioteca personal se completa con algunos retratos de personas queridas. Por caso, una foto de

---

1. El padre Duarte fue quien lo confesó ese 21 de septiembre.

un joven estudiante de ingeniería, que murió en un accidente, y un cuadro de Daniela Pisarev, una amiga judía, pintora, a quien casó con un católico. Nos llamó la atención ver en uno de los estantes de la biblioteca un cuenco lleno de rosas blancas con una estampa de Santa Teresita detrás. "Cuando tengo un problema —contó— le pido a la santa, no que lo resuelva, sino que lo tome en sus manos y me ayude a asumirlo y, como señal, recibo casi siempre una rosa blanca."

* * *

Cuando nos estábamos despidiendo, Bergoglio nos presentó a un piloto de Alitalia, Aldo Cagnoli, que venía a saludarlo. Se habían conocido en los vuelos Roma-BuenosAires-Roma, y habían iniciado una gran amistad.

Cagnoli, recibido unos años atrás de sociólogo, le traía una copia de su tesis doctoral sobre terrorismo aéreo que le dedicó. Como proyectaba publicar un libro sobre el mismo tema venía, también, a pedirle que escribiera el prólogo.

Creímos que podría brindarnos una mirada de Bergoglio desde un ángulo diferente y, en otra de sus venidas a Buenos Aires, le pedimos que nos contara sobre su amistad con el cardenal.

En la cita, Cagnoli mencionó que conoció a Bergoglio el 20 de abril de 2005 en un vuelo entre Roma y Buenos Aires, y que tomó contacto con él movido por el interés que le despertó su personalidad tres años antes, desde que cayó en sus manos un artículo de un diario sobre un cardenal argentino de origen italiano, que asumía su misión pastoral con un fuerte compromiso moral y una gran humildad.

Desde entonces, Cagnoli siempre anheló poder profundizar las breves y parciales informaciones del artículo. "Cuando lo encontré por primera vez en el avión e intercambiamos algunas opiniones, descubrí que era como lo había imaginado, hasta en algunas particularidades", admitió. "Me impactaron —agregó— su gran capacidad para hacer que el interlocutor se sintiera cómodo y en conexión con él, su aspecto austero que contrastaba con su calidez y, especialmente, su extraordinaria sencillez."

Al finalizar esa primera charla —durante la que descubrieron que ambos habían nacido un 17 de diciembre—, Bergoglio lo invitó a visitarlo en Buenos Aires. Cagnoli no dejó pasar la primera oportunidad, pese a que su estancia en la capital argentina era muy corta. La amistad continuó en sucesivos encuentros en Buenos Aires y en Roma, con largas charlas sobre los temas más variados, desde los culinarios a problemas éticos y sociales. Compartieron, incluso, algunos momentos en la casa de los padres del piloto. Cagnoli quedó impactado por la capacidad de Bergoglio de encontrar temas de conversación y reflexión, más allá de las aparentemente ingenuas e involuntarias provocaciones de su padre, un artesano carpintero de profunda fe comunista.

"En uno de los encuentros, por ejemplo, mi padre le dijo que tenía grandes dificultades en tallar una imagen de Cristo en la cruz, que le había prometido como regalo, pues su problema, como artesano, era que imaginaba a Jesús como un hombre sufriente, muy enojado por lo que le estaba pasando", narró. "Nunca lo pensé así —le contestó Bergoglio—, pero tal vez, Cristo en su humanidad, de alguna manera estaba enojado por sus terribles sufrimientos." Tiempo después, le mandó desde Buenos Aires una hermosa imagen de un Cristo con una mirada resignada y tierna. "Fue una respuesta que a mi padre lo conmovió mucho", remarcó.

Cagnoli admira de Bergoglio la capacidad para encontrar lo bueno de cada uno y ver cada cosa desde distintos puntos de vista, aun manteniendo siempre una ruta bien definida. "La grandeza de un hombre, según mi modesta opinión —redondeó—, no está en levantar muros, escondiéndose detrás de su sabiduría y su cargo, sino en saber confrontar críticamente y respetuosamente con todos y, con humildad, poder aprender algo en cualquier momento de la vida; éste es para mí el padre Bergoglio".

Y concluyó: "Su grandeza está en su sencillez unida a su gran sabiduría, su simpatía unida a su seriedad, su apertura mental unida a su rectitud , la capacidad de escuchar y aprender de todos, aun teniendo tanto para enseñar. Creo que hace en forma simple y, a la vez extraordinaria, lo que muchos hombres de dentro y fuera de la Iglesia deberían hacer y, lamentablemente, no hacen".

CAPÍTULO TRECE

El arduo camino hacia una patria de hermanos

Si hay una prédica que se repite en los documentos de los obispos argentinos de las últimas décadas es la referida a la reconciliación nacional, tras la violencia política que enlutó al país hasta el retorno a la democracia, en 1983. Golpes militares, acciones terroristas, provenientes de uno y otro extremo del arco ideológico, y una atroz represión surgida desde las propias entrañas del Estado durante la última dictadura militar, dejaron heridas profundas que siguen lacerando la conciencia de los argentinos e interpelando gravemente a sus ejecutores, muchos de los cuales continúan amparados en la impunidad. Heridas que siguen compungiendo a los familiares de las víctimas, a miles y miles de padres que no tienen un lugar a donde ir a llorar a sus hijos, porque estos permanecen desaparecidos. Y que marcaron para siempre a los que sufrieron detenciones ilegales, torturas y un largo exilio.

El papel de la Iglesia en aquellos años, particularmente durante el llamado Proceso de Reorganización Nacional comandado por sucesivas juntas militares abrió una polémica, ya que no faltaron acusaciones de debilidad —y hasta de complicidad de ciertos miembros del clero— frente a las sistemáticas violaciones de los derechos humanos.

En ese marco, el concepto "reconciliación nacional" —sobre bases de verdad, justicia y perdón— blandido por los obispos, suscitó interpretaciones encontradas. Hubo quienes creyeron ver, detrás, una ofensiva para que no se insistiera con el pasado y se cerrara su revisión judicial (lo que implicaba un apoyo a cuanta ley de cese de la acción penal surgiera), garantizándose así, centralmente, la impunidad de los militares involucrados. Otros, en cambio, consideraron esa prédica como un aporte a la pacificación, sobre todo en momentos en que la democracia recuperada daba, trabajosamente, sus primeros pasos. Pero ¿cómo debe interpretarse la prédica a favor de la reconciliación? ¿Cuál es el verdadero sentido y alcance del perdón cristiano? ¿Cómo se compagina con el castigo judicial? ¿Se debe perdonar al que no se arrepiente? ¿Implica, necesariamente, una reparación del perdonado? En fin, ¿se puede pensar que un país reconciliado es posible o se trata de una utopía y sólo hay que dejar que el tiempo cure las heridas? Finalmente, ¿estuvo la Iglesia a la altura de las circunstancias durante la dictadura como para convertirse con los años en creíble promotora de la reconciliación nacional?

Lo consideramos un tema de abordaje imprescindible.

—El Evangelio determina que hay que amar al enemigo —los biblistas aclaran que la expresión debe interpretarse como "desearle el bien"— y perdonar setenta veces siete. ¿No son premisas utópicas que van, en cierta forma, contra la naturaleza humana?

—Jesús es, en este punto, tremendo; no afloja y lo hace con ejemplos. Cuando le hicieron las mil y una —un juicio

falso, las peores torturas y los responsables se lavaron las
manos— exclamó: "Padre, perdónalos, porque no saben lo
que hacen". Él se las arregló para buscar una excusa y, así,
poder perdonarlos. En cuanto a la frase: "si tu enemigo tiene
hambre, dale de comer; si tiene sed, dale de beber", apareció
una traducción al castellano buenísima. Hasta ahora, leíamos:
"Así, amontonarás ascuas o brasas de fuego sobre su cabeza".
Eso de meterle un brasero en la cabeza "no me cerraba". La traducción nueva la convierte, en cambio, en "así, su cara arderá
de vergüenza". Esto, de alguna manera, está indicando una
estrategia: el que se llegue a una actitud tan humana, y que
tanto nos honra, que es la de tener vergüenza de algo malo que
hemos hecho. El que no tiene vergüenza perdió la última sal-
vaguarda que lo puede contener en su tropelía; es un sinvergüenza. Jesús en esto no negocia. ¡Ojo!: no dice "olvídate".

—Suele decirse "yo perdono, pero no olvido".

—De las cosas que me hicieron no me puedo olvidar,
pero puedo mirarlas con otros ojos, aunque en el momento
me haya sentido muy mal. Con el paso de los años nos
vamos añejando, nos vamos, como diría Perón, "amortizan-
do", nos vamos volviendo más sapienciales, más pacientes. Y,
cuando la herida está más o menos curada, vamos tomando
distancia. Esa es una actitud que Dios nos pide: el perdón de
corazón. El perdón significa que lo que me hiciste no me lo
cobro, que está pasado al balance de las ganancias y de las
pérdidas. Quizá no me voy a olvidar, pero no me lo voy a
cobrar. O sea, no alimento el rencor.

—No se trata, entonces, de un "borrón y cuenta nueva".
En todo caso, sólo de una cuenta nueva.

—Borrón, no. De nuevo, olvidar no se puede. En todo
caso, voy aquietando mi corazón y pidiéndole a Dios que

perdone a quien me ofendió. Ahora bien: es muy difícil perdonar sin una referencia a Dios, porque la capacidad de perdonar solamente se tiene cuando uno cuenta con la experiencia de haber sido perdonado. Y, generalmente, esa experiencia la tenemos con Dios. Es cierto que, a veces, se da humanamente. Pero, únicamente el que tuvo que pedir perdón, al menos una vez, es capaz de darlo. Para mí hay tres palabras que definen a las personas y constituyen un compendio de actitudes —dicho sea de paso, no sé si yo las tengo— y que son: permiso, gracias y perdón. La persona que no sabe pedir permiso atropella, va adelante con lo suyo sin importarle los demás, como si los otros no existieran. En cambio, el que pide permiso es más humilde, más sociable, más integrador.

¿Qué decir del que nunca pronuncia "gracias" o que en su corazón siente que no tiene nada que agradecer a nadie? Hay un refrán español que es bien elocuente: "el bien nacido es agradecido". Es que la gratitud es una flor que florece en almas nobles. Y, finalmente, hay gente que considera que no tiene que pedir perdón por nada. Ellos sufren el peor de los pecados: la soberbia. E insisto, sólo aquel que tuvo la necesidad de pedir perdón y experimentó el perdón, puede perdonar. Por eso, a los que no dicen estas tres palabras les falta algo en su existencia. Fueron podados antes de tiempo o mal podados por la vida.

—¿Pero se puede perdonar a quien no se arrepintió por el daño que infligió? ¿Y a quien, si seguimos la línea del catecismo, no manifestó la voluntad de enmendar de cierta manera el mal que hizo?

—En la homilía de una celebración de Corpus Christi dije algo que provocó escándalo en algunas personas, acaso porque interpretaron que estaba haciendo una especie de

apología de todo lo malo que nos pasó y llamando liviana-
mente a dar vuelta la página. Fue cuando me referí a quienes
maldicen el pasado y no perdonan; más aún, aludí a quienes
utilizan el pasado para sacar ventaja. Concretamente, afirmé
que hay que bendecir el pasado con el arrepentimiento, el perdón y la reparación. El perdón tiene que ir unido a las otras
dos actitudes. Si alguien me hizo algo tengo que perdonarlo,
pero el perdón le llega al otro cuando se arrepiente y repara.
Uno no puede decir: "te perdono y aquí no pasó nada". ¿Qué
hubiera pasado en el juicio de Nüremberg si se hubiera adop-
tado esa actitud con los jerarcas nazis? La reparación fue la
horca para muchos de ellos; para otros, la cárcel. Entendámo-
nos: no estoy a favor de la pena de muerte, pero era la ley de
ese momento y fue la reparación que la sociedad exigió
siguiendo la jurisprudencia vigente.

—Por tanto, el perdonar no es una acción unilateral, únicamente una disposición del que perdona.

—Tengo que estar dispuesto a otorgar el perdón, y sólo se
hace efectivo cuando el destinatario lo puede recibir. Y lo
puede recibir, cuando está arrepentido y quiere reparar lo que
hizo. De lo contrario, el perdonado queda —dicho en términos futbolísticos— off-side. Una cosa es dar el perdón y otra
es tener la capacidad de recibirlo.

Si yo le pego a mi madre y después le pido que me perdone, sabiendo que si no me gusta lo que hace le volvería a
dar una paliza, ella quizá me otorgue el perdón, pero yo no
lo recibiré, porque tengo el corazón cerrado. En otras palabras, para recibir el perdón hay que estar preparado. Por
eso, en la historia de los santos, en los relatos de las grandes
conversiones, aparece aquella expresión famosa de "llorar
los pecados" para describir una actitud tan cristiana como

llorar por el mal hecho, lo que implica el arrepentimiento y el propósito de repararlo.

—Pero cuando las faltas son muy graves, cuando se cometen delitos terribles, ¿no se dispara, a veces, un mecanismo de negación y, en cierta forma, de justificación, bajo el argumento de que "no hubo más remedio" que cometerlos?

—Creo que eso no pasa sólo con las cosas más graves, sino también con las menores. A mi me sucedió —y esto lo hablé con mi confesor— tener instantes de mucha luminosidad interior, donde caí en la cuenta de fallas en mi vida o de pecados en los que no había reparado. Observé lo hecho con otros ojos y sentí terror. Si a mí me dio pánico en esos instantes de mucha luz, entre una oscuridad y otra, cuando tomé conciencia de la dimensión social de lo que hice, o dejé de hacer, puedo fácilmente imaginar que haya personas que, frente a yerros tremendos, apelen a un mecanismo de negación o a argumentaciones de todo tipo para no morirse de angustia.

—De todas formas, el problema en la Argentina es que "nadie fue…"

—En eso hay que reconocerle a los protagonistas de los turbulentos acontecimientos de nuestras primeras décadas de historia, que daban la cara cuando se mataban entre ellos. Por ejemplo: "A este lo fusilé yo". Firmado: Lavalle. Tras la violencia política de la última parte del siglo XX, prácticamente, nadie se hizo cargo de nada y, si alguien asumió algo, no siempre mostró arrepentimiento y propósito de reparación. Durante la última dictadura militar —cuyas violaciones a los derechos humanos, como dijimos los obispos, tienen una gravedad mucho mayor ya que se perpetran desde el Estado— hasta se llegó a hacer desaparecer a miles de personas. Si no se reconoce el mal hecho, ¿no es eso un modo extremo, horripilante, de no hacerse cargo?

—Hay también quienes ven actitudes de revanchismo. ¿Cree que el papel, por caso, de la presidenta de las Madres de Plaza de Mayo, Hebe de Bonafini, ayuda a la búsqueda de la reconciliación?

—Hay que ponerse en el lugar de una madre a la que le secuestraron sus hijos y nunca más supo de ellos, que eran carne de su carne; ni supo cuánto tiempo estuvieron encarcelados, ni cuántas picaneadas, cuántos latigazos con frío soportaron hasta que los mataron, ni cómo los mataron. Me imagino a esas mujeres, que buscaban desesperadamente a sus hijos, y se topaban con el cinismo de autoridades que las basureaban y las tenían de aquí para allá. ¿Cómo no comprender lo que sienten?

—¿La Iglesia defendió cabalmente los derechos humanos en aquellos años?

—Para responder hay que tener en cuenta que en la Iglesia —que formamos todos los bautizados—, como en toda la sociedad, se fue conociendo, de a poco, todo lo que estaba pasando. No es que se tuvo clara conciencia de entrada. En mi caso debo admitir que partí de muchas limitaciones para interpretar ciertos hechos: cuando, en 1973, Perón vuelve al país y se produce el tiroteo en Ezeiza, no entendía nada. Tampoco cuando Cámpora renunció a la presidencia. No tenía por entonces información política como para entender todo eso.

Ahora bien, fuimos cayendo progresivamente en la cuenta de la guerrilla, de su pretensión de hacer pie en Tucumán, de las acciones terroristas, en las que también fueron víctimas civiles que nada tenían que ver y jóvenes que estaban haciendo la conscripción, hasta que llegó el decreto de la presidenta Isabel Martínez de Perón (que ordenaba "el aniquilamiento del accionar de la subversión"). Allí empezamos a tomar conciencia de que la cosa era brava. Paralelamente, casi todo el mundo comenzó a "golpear las puertas de los cuarteles". El golpe de 1976 lo aprobaron casi todos, incluso la inmensa mayoría de los partidos políticos. Si no me equivoco, creo que el único que no lo hizo fue el partido comunista revolucionario, aunque, también, es verdad que nadie, o muy pocos, sospechaban lo que sobrevendría. En esto hay que ser realistas, nadie debe lavarse las manos. Estoy esperando que los partidos políticos y otras corporaciones pidan perdón como lo hizo la Iglesia (el Episcopado difundió en 1996 un examen de conciencia y, en 2000, realizó un mea culpa con motivo del Jubileo).

—Hay quienes sostienen que la Iglesia sabía bien lo que pasaba durante la dictadura.

—Repito: al principio se sabía poco y nada, nos fuimos enterando paulatinamente. Yo mismo, como sacerdote, si bien comprendía que la cosa era pesada y que había muchos presos, caí en la cuenta algo después. La sociedad, en su conjunto, recién tomó conciencia total durante el juicio a los comandantes. Es cierto que algunos obispos se dieron cuenta antes que otros sobre los métodos que usaban con los detenidos. Es verdad que hubo pastores más lúcidos, que se jugaron mucho. Monseñor Zazpe, siendo arzobispo de Santa Fe, fue uno de los primeros que se percató de cómo estaba actuando la dictadura a partir del secuestro y la salvaje tortura de quien fuera, hasta el golpe, intendente de la capital de la provincia: Adán Noe Campagnolo.

Hubo otros también, entre ellos Hesayne, Novak y De Nevares que, enseguida y con fuerza, comenzaron a moverse en defensa de los derechos humanos. Otros que hicieron mucho, pero hablaron menos. Y, finalmente, algún otro que fue ingenuo o torpe. Por otra parte, a veces uno, inconscientemente, no quiere ver episodios que pueden llegar a ser desagradables, no quiere aceptar que pueden llegar a ser ciertos. Pasa con los padres frente a un hijo que es drogadicto, o jugador, o tiene cualquier otro vicio. Es una actitud muy humana. A mí me costó verlo, insisto, hasta que me empezaron a traer gente y tuve que esconder al primero.

—De eso, después hablaremos. Suele decirse que el Episcopado privilegió las gestiones reservadas sobre las declaraciones públicas por temor a que éstas aceleraran las ejecuciones. ¿Fue una estrategia acertada? ¿No terminó quedando como un silencio cómplice?

—Es verdad que, en parte, se siguió esa estrategia. Sin embargo, pese a las gestiones reservadas, las declaraciones del Episcopado no dan lugar a dudas. Y cualquiera puede leerlas, porque fueron compendiadas en un libro, que presentamos cuando se cumplieron 25 años de nuestro documento, *Iglesia y Comunidad Nacional*. En el capítulo tercero, titulado "La Iglesia y los derechos humanos", desde la página 625 hasta la 727, están las principales. Y, de modo completo, en cuanto al tema que nos ocupa, no con omisiones, como algunos periodistas señalaron con mala intención. La Iglesia habló. Es más, hay una carta pastoral del 15 de mayo de 1976 en la cual ya se refleja la preocupación de los obispos. Y una de abril de 1977, que advierte sobre la tortura. También hubo otras en la época de la presidencia de Isabel Perón. De todas maneras, algunos términos son dubitativos porque realmente, como dije, no se sabía bien lo que pasaba. Pero hechos como la masacre de los sacerdotes y seminaristas palotinos fueron sumando fuerza a las declaraciones.

—Cada vez que la Iglesia habló, en los años siguientes, de la necesidad de alcanzar la reconciliación, no faltaron aquellos que creyeron ver detrás un aval a la impunidad. ¿Qué piensa?

—La farra no. Quiero ser claro: debe actuar la justicia. Es verdad que después de las grandes conmociones mundiales, de tremendas guerras, siempre está el mecanismo sociopolítico de la amnistía. Después de la Segunda Guerra Mundial se la dictó en varios países, pero también existió el juicio a los responsables. Francia tuvo que enfrentar a los colaboracionistas de Petain y actuó con generosidad. Si bien De Gaulle era duro, temió ser injusto con ellos, pues resultaba muy difícil discernir en su momento si convenía para el bien de Francia colaborar o no con los nazis. A Petain no lo mataron, sino que lo enviaron a la Guyana francesa. De los 35 obispos que habían tenido relación con Petain, De Gaulle quería descabezar a todos. Entonces entró en escena Angelo Giusseppe Roncalli, a la postre Juan XXIII, como Nuncio en París y terminaron renunciando tres o cuatro. Creo que se distinguió entre situaciones ambiguas, producto del miedo, y situaciones delictivas. Mientras las primeras se pueden llegar a comprender, las otras no. Petain actuó como actuó pensando que lo hacía de patriota. Pero se equivocó, aunque tenía buena intención. De lo contrario, le hubieran "cortado la cabeza", porque los franceses no andan con chiquitas.

—En estos temas suele traerse a colación el caso de Juan Pablo II que perdonó a quien intentó asesinarlo, pero el juicio siguió su curso.

—Claro. El juicio contra Alí Agca siguió. El Papa lo perdonó, pero igual fue condenado y siguió preso hasta que cumplió la pena y, después, fue enviado a Turquía, donde continuó encarcelado por otros delitos que había cometido en su país. Además, aquí aparece claramente lo que señalaba antes en cuanto a que uno puede ofrecer de corazón el perdón, pero de parte del otro debe haber arrepentimiento y reparación. Según la versión que tengo, que creo es veraz, cuando el Papa lo fue a visitar a la cárcel, en ningún momento, Alí Agca mostró arrepentimiento. Por el contrario, le dijo: "No entiendo por qué usted no murió… mi gatillo nunca falla."

—De todas formas, la búsqueda de una auténtica reconciliación ¿no implica renunciar a algo? ¿No demanda gestos magnánimos?

—Siempre debemos renunciar a algo. Para alcanzar una reconciliación hay que renunciar a algo. Todos tienen que hacerlo. Pero cuidado, a algo que no afecte la esencia de la justicia. Quizá, al que tenga que perdonar se le pida que renuncie al resentimiento. El resentimiento es rencor. Y vivir con rencor es como beber agua servida, como alimentarse de las propias heces; supone que no se quiere salir del chiquero.

En cambio, el dolor, que es también otra llaga, es a campo abierto. El resentimiento es como una casa tomada, donde vive mucha gente hacinada que no tiene cielo. Mientras que el dolor es como una villa donde también hay hacinamiento, pero se ve el cielo. En otras palabras, el dolor está abierto a la oración, a la ternura, a la compañía de un amigo, a mil cosas que a uno lo dignifican. O sea, el dolor es una situación más sana. Así me lo dicta la experiencia.

—La madre de Michelle Bachelet, la presidenta de Chile, relató que una vez se encontró en un ascensor con su torturador, que lo perdonó y que experimentó una gran paz.

—Perdonar siempre hace bien, porque pertenece a lo que ustedes me consultaban en la pregunta anterior: la virtud de la magnanimidad. El magnánimo está siempre feliz. El pusilánime, el de corazón arrugado, no alcanza la felicidad.

—¿El perdón es lo que más asemeja al hombre y a la mujer a Dios?

—El amor es lo que más nos acerca a Dios. El perdón nos asemeja en cuanto es un acto de amor.

CAPÍTULO CATORCE

La noche oscura
que vivió la Argentina

Cuando la vida de Juan Pablo II se apagaba, se intensifica-
ban las especulaciones sobre los candidatos a sucederlo y el
nombre de Bergoglio figuraba en casi todos los pronósticos de
los periodistas especializados. En esos días, volvía a agitarse
una denuncia periodística publicada unos pocos años atrás, en
Buenos Aires, sobre una supuesta actuación muy comprome-
tedora del cardenal durante la última dictadura. Más aún: se
asegura que, en las vísperas del cónclave, que debía elegir al
sucesor del Papa polaco, una copia de un artículo —de una
serie del mismo autor— con la acusación fue enviada a las
direcciones de correo electrónico de los cardenales electores,
con el propósito de perjudicar las chances que se le otorgaban
al purpurado argentino.

En la denuncia se le atribuía al cardenal una cuota de responsabilidad por el secuestro de dos sacerdotes jesuitas, que
se desempeñaban en una villa de emergencia del barrio porteño de Flores, efectuado por miembros de la Marina en
mayo de 1976, dos meses después del golpe. De acuerdo con

esa versión, Bergoglio —quien, por entonces, era el provincial de la Compañía de Jesús en la Argentina— les pidió a los padres Orlando Yorio y Francisco Jalics que abandonaran su trabajo pastoral en la barriada y, como ellos se negaron, les comunicó a los militares que los religiosos ya no contaban con el amparo de la Iglesia, dejándoles así el camino expedito para que los secuestraran, con el consiguiente peligro que eso implicaba para sus vidas.

El cardenal nunca quiso salir a responder la acusación, como, tampoco, jamás se refirió a otras imputaciones del mismo origen sobre supuestos lazos con miembros de la Junta Militar (ni, en general, nunca contó públicamente cuál fue su actitud durante la última dictadura). Pero, frente a nuestro cometido, reconoció que el tema no podía omitirse y accedió a contar su versión sobre los hechos y la actitud que asumió en la noche negra que vivió la Argentina. "Si no hablé en su momento, fue para no hacerle el juego a nadie, no porque tuviese algo que ocultar", afirmó.

—Cardenal: usted deslizó antes que durante la dictadura escondió gente que estaba siendo perseguida. ¿Cómo fue aquello? ¿A cuántos protegió?

—En el colegio Máximo de la Compañía de Jesús, en San Miguel, en el gran Buenos Aires, donde residía, escondí a unos cuantos. No recuerdo exactamente el número, pero fueron varios. Luego de la muerte de monseñor Enrique Angelelli (el obispo de La Rioja, que se caracterizó por su compromiso con los pobres), cobijé en el colegio Máximo a tres seminaristas de su diócesis que estudiaban teología. No estaban escondidos, pero sí cuidados, protegidos. Yendo a La Rioja para participar de un homenaje a Angelelli con motivo de cumplirse 30 años de su muerte, el obispo de Bariloche,

Fernando Maletti, se encontró en el micro con uno de esos tres curas que está viviendo actualmente en Villa Eloisa, en la provincia de Santa Fe. Maletti no lo conocía, pero al ponerse a charlar, éste le contó que él y los otros dos sacerdotes veían en el colegio Máximo a personas que hacían "largos ejercicios espirituales de 20 días" y que, con el paso del tiempo, se dieron cuenta que eso era una pantalla para esconder gente. Maletti después me lo contó, me dijo que no sabía toda esta historia y que habría que difundirla.

—Aparte de esconder gente, ¿hizo algunas otras cosas?

—Saqué del país, por Foz de Iguazú, a un joven que era bastante parecido a mí con mi cédula de identidad, vestido de sacerdote, con el clergiman y, de esa forma, pudo salvar su vida. Además, hice lo que pude con la edad que tenía y las pocas relaciones con las que contaba, para abogar por personas secuestradas. Llegué a ver dos veces al general (Jorge) Videla y al almirante (Emilio) Massera. En uno de mis intentos de conversar con Videla, me las arreglé para averiguar qué capellán militar le oficiaba la misa y lo convencí para que dijera que se había enfermado y me enviara a mí en su reemplazo. Recuerdo que oficié en la residencia del comandante en jefe del Ejército ante toda la familia de Videla, un sábado a la tarde. Después, le pedí a Videla hablar con él, siempre en plan de averiguar el paradero de los curas detenidos. A lugares de detención no fui, salvo una vez que concurrí a una base aeronáutica, cercana a San Miguel, de la vecina localidad de José C. Paz, para averiguar sobre la suerte de un muchacho.

—¿Hubo algún caso que recuerde especialmente?

—Recuerdo una reunión con una señora que me trajo Esther Balestrino de Careaga, aquella mujer que, como antes conté, fue jefa mía en el laboratorio, que tanto me enseñó de

política, luego secuestrada y asesinada y hoy enterrada en la
iglesia porteña de Santa Cruz. La señora, oriunda de Avella-
neda, en el gran Buenos Aires, tenía dos hijos jóvenes con dos
o tres años de casados, ambos delegados obreros de militancia
comunista, que habían sido secuestrados. Viuda, los dos chicos eran lo único que tenía en su vida. ¡Cómo lloraba esa
mujer! Esa imagen no me la olvidaré nunca. Yo hice algunas
averiguaciones que no me llevaron a ninguna parte y, con frecuencia, me reprocho no haber hecho lo suficiente.

—¿Puede relatar alguna gestión que llegó a buen término?

—Me viene a la mente el caso de un joven catequista que
había sido secuestrado y por el que me pidieron que intercediera. También en este caso me moví dentro de mis pocas
posibilidades y mi escaso peso. No sé cuánto habrán influido
mis averiguaciones, pero lo cierto es que, gracias a Dios, al
poco tiempo el muchacho fue liberado. ¡Qué contenta estaba
su familia! Por eso, reitero: después de situaciones como ésa,
cómo no comprender la reacción de tantas madres que vivieron un calvario terrible, pero que, a diferencia de este caso, no
volvieron a ver con vida a sus hijos.

—¿Cuál fue su desempeño en torno al secuestro de los
sacerdotes Yorio y Jalics?

—Para responder tengo que contar que ellos estaban per-
geñando una congregación religiosa, y le entregaron el primer
borrador de las Reglas a los monseñores Pironio, Zazpe y
Serra. Conservo la copia que me dieron. El superior general
de los jesuitas quien, por entonces, era el padre Arrupe, dijo
que eligieran entre la comunidad en que vivían y la Compañía de Jesús, y ordenó que cambiaran de comunidad. Como
ellos persistieron en su proyecto, y se disolvió el grupo, pidieron la salida de la Compañía. Fue un largo proceso interno

que duró un año y pico. No una decisión expeditiva mía. Cuando se le acepta la dimisión a Yorio (también al padre Luis Dourrón, que se desempeñaba junto con ellos) —con Jalics no era posible hacerlo, porque tenía hecha la profesión solemne y solamente el Sumo Pontífice puede hacer lugar a la solicitud— corría marzo de 1976, más exactamente era el día 19, o sea, faltaban cinco días para el derrocamiento del gobierno de Isabel Perón. Ante los rumores de la inminencia de un golpe, les dije que tuvieran mucho cuidado. Recuerdo que les ofrecí, por si llegaba a ser conveniente para su seguridad, que vinieran a vivir a la casa provincial de la Compañía.

—¿Ellos corrían peligro simplemente porque se desempeñaban en una villa de emergencia?

—Efectivamente. Vivían en el llamado barrio Rivadavia del Bajo Flores. Nunca creí que estuvieran involucrados en "actividades subversivas" como sostenían sus perseguidores, y realmente no lo estaban. Pero, por su relación con algunos curas de las villas de emergencia, quedaban demasiado expuestos a la paranoia de caza de brujas. Como permanecieron en el barrio, Yorio y Jalics fueron secuestrados durante un rastrillaje. Dourrón se salvó porque, cuando se produjo el operativo, estaba recorriendo la villa en bicicleta y, al ver todo el movimiento, abandonó el lugar por la calle Varela. Afortunadamente, tiempo después fueron liberados, primero porque no pudieron acusarlos de nada, y segundo, porque nos movimos como locos. Esa misma noche en que me enteré de su secuestro, comencé a moverme. Cuando dije que estuve dos veces con Videla y dos con Massera fue por el secuestro de ellos.

—Según la denuncia, Yorio y Jalics consideraban que usted también los tachaba de subversivos, o poco menos, y ejercía una actitud persecutoria hacia ellos por su condición de progresistas.

—No quiero ceder a los que me quieren meter en un conventillo. Acabo de exponer, con toda sinceridad, cuál era mi visión sobre el desempeño de esos sacerdotes y la actitud que asumí tras su secuestro. Jalics, cuando viene a Buenos Aires, me visita. Una vez, incluso, concelebramos la misa. Viene a dar cursos con mi permiso. En una oportunidad, la Santa Sede le ofreció aceptar su dimisión, pero resolvió seguir dentro de la Compañía de Jesús. Repito: No los eché de la congregación, ni quería que quedaran desprotegidos.

—Además, la denuncia dice que tres años después, cuando Jalics residía en Alemania y en la Argentina todavía había una dictadura, le pidió que intercediera ante la Cancillería para que le renovaran el pasaporte sin tener que venir al país, pero que usted, si bien hizo el trámite, aconsejó a los funcionarios de la secretaría de Culto del ministerio de Relaciones Exteriores que no hicieran lugar a la solicitud por los antecedentes subversivos del sacerdote…

—No es exacto. Es verdad, sí, que Jalics —que había nacido en Hungría, pero era ciudadano argentino con pasaporte argentino— me escribió siendo yo todavía provincial para pedirme la gestión pues tenía temor fundado de venir a la Argentina y ser detenido de nuevo. Yo, entonces, escribí una carta a las autoridades con la petición —pero sin consignar la verdadera razón, sino aduciendo que el viaje era muy costoso— para lograr que se instruya a la embajada en Bonn. La entregué en mano y el funcionario, que la recibió, me preguntó cómo fueron las circunstancias que precipitaron la salida de Jalics. "A él y a su compañero los acusaron de guerrilleros y no tenían nada que ver", le respondí. "Bueno, déjeme la carta, que después le van a contestar", fueron sus palabras.

—¿Qué pasó después?

—Por supuesto que no aceptaron la petición. El autor de la denuncia en mi contra revisó el archivo de la secretaría de Culto y lo único que mencionó fue que encontró un papelito de aquel funcionario en el que había escrito que habló conmigo y que yo le dije que fueron acusados de guerrilleros. En fin, había consignado esa parte de la conversación, pero no la otra en la que yo señalaba que los sacerdotes no tenían nada que ver. Además, el autor de la denuncia soslaya mi carta donde yo ponía la cara por Jalics y hacía la petición.

—También se comentó que usted propició que la Universidad Del Salvador, creada por los jesuitas, le entregara un doctorado honoris causa al almirante Massera.

—Creo que no fue un doctorado, sino un profesorado. Yo no lo promoví. Recibí la invitación para el acto, pero no fui. Y, cuando descubrí que un grupo había politizado la universidad, fui a una reunión de la Asociación Civil y les pedí que se fueran, pese a que la Universidad ya no pertenecía a la Compañía de Jesús y que yo no tenía ninguna autoridad más allá de ser un sacerdote. Digo esto porque se me vinculó, además, con ese grupo político. De todas maneras, si respondo a cada imputación, entro en el juego. Hace poco estuve en una sinagoga participando de una ceremonia. Recé mucho y, mientras lo hacía, escuché una frase de los textos sapienciales que no recordaba: "Señor, que en la burla sepa mantener el silencio." La frase me dio mucha paz y mucha alegría.

***

Cuando el joven padre Jorge Bergoglio golpeó la puerta de su despacho, la doctora Alicia Oliveira pensó que mantendría una más de las tantas reuniones de trabajo que celebraba como jueza en lo penal, allá, por la primera mitad de la década del setenta. No se le pasó por la cabeza que establecería una buena sintonía con el sacerdote de la que surgiría una larga amistad, que la terminaría convirtiendo en una testigo calificada de buena parte de la actuación de Bergoglio durante la dictadura militar. Es que Oliveira cuenta con una larga militancia en la defensa de los derechos humanos, que fue abrazando desde que comenzó a ejercer como penalista. Una militancia que, tras el último golpe militar, le costó su cargo de magistrada, al ser la destinataria del primer decreto de exoneración.

Firmante de cientos de habeas corpus por detenciones ilegales y desapariciones durante la última dictadura, se desempeñó como letrada e integró la primera comisión directiva del Centro de Estudios Sociales y Legales (Cels), una de las más emblemáticas ONGs dedicadas a luchar contra las violaciones a los derechos humanos.

Con la vuelta a la democracia ocupó diversos cargos, entre los que se cuenta haber sido constituyente de la convención nacional de 1994 (resultó electa como integrante de la lista del Frente Grande, una agrupación peronista disidente de centro izquierda); Defensora del Pueblo de la Ciudad de Buenos Aires entre 1998 y 2003 y, desde entonces —con la llegada de Néstor Kirchner a la presidencia—, Representante Especial para los Derechos Humanos de la Cancillería, tarea que desempeñó durante dos años, hasta que se jubiló.

"Recuerdo que Bergoglio vino a verme al juzgado por un problema de un tercero, allá por 1974 o 1975, empezamos a charlar y se generó una empatía que abrió paso a nuevas conversaciones. En una de esas charlas hablamos de la inminencia de un golpe. Él era el provincial de los jesuitas y, seguramente, estaba más informado que yo. En la prensa hasta se barajaban los nombres de los futuros ministros. El diario *La Razón* había publicado que José Alfredo Martínez de Hoz sería el ministro de Economía", evoca Oliveira y agrega que "Bergoglio estaba muy preocupado por lo que presentía que sobrevendría y, como sabía de mi compromiso con los derechos humanos, temía por mi vida. Llegó a sugerirme que me fuera a vivir un tiempo al colegio Máximo. Pero yo no acepté y le contesté con una humorada completamente desafortunada frente a todo lo que después sucedió en el país: 'Prefiero que me agarren los militares a tener que ir a vivir con los curas'."

De todas maneras, la magistrada tomó sus prevenciones. Le dijo a la secretaria del juzgado, de su máxima confianza, la doctora Carmen Argibay —a la postre ministro de la Corte Suprema de Justicia de la Nación, a propuesta de Kirchner— que estaba pensando en dejarle un tiempo los dos hijos que, por entonces, tenía para esconderse por temor a ser detenida por los militares. Finalmente, no tomó la decisión, ni fue apresada. En cambio, Argibay, fue detenida el mismo día del golpe. Oliveira, desesperada, trató de dar con su paradero hasta que en la cárcel de Devoto le informaron que estaba allí, pero nunca supo —ni ella ni la propia detenida— el motivo por el que Argibay pasó varios meses presa.

Tras la caída del gobierno de Isabel Perón, las reuniones de Oliveira con Bergoglio se hicieron más frecuentes. "En esas conversaciones, pude comprobar que sus temores eran cada vez mayores, sobre todo por la suerte de los sacerdotes jesuitas del

asentamiento", relata Oliveira. "Hoy creo que Bergoglio y yo
—acota— comenzamos a entender tempranamente cómo
eran los militares de aquella época. Su inclinación a la lógica
amigo-enemigo, su incapacidad para discernir entre la militancia política, social o religiosa y la lucha armada, tan peli-
grosas. Y teníamos muy claro el riesgo que corrían los que
iban a las barriadas populares. No sólo ellos, sino la gente del
lugar, que podía 'ligarla de rebote'."

Recuerda que a una chica amiga que iba a catequizar
también al asentamiento —y que no tenía militancia alguna— le imploró que no fuese más. "Le advertí que los militares no entendían, y que cuando veían en la villa a alguien
que no vivía allí pensaban que era un terrorista-marxista-
leninista internacional", cuenta. Le costó mucho hacérselo
entender. Al final, la chica se fue y, años después, le reconoció que su consejo le había salvado la vida. "Pero otros que
se quedaron no corrieron la misma suerte y, por eso, Bergoglio estaba tan preocupado por los sacerdotes de la villa y
quería que se vayan", redondea.

Oliveira recuerda que el padre Jorge no sólo se preocupó
por localizar a Yorio y Jalics y procurar su liberación; también,
se movió para dar con el paradero de muchos otros detenidos.
O para sacar del país a otros tantos, como a aquel joven
que se le parecía y a quien le dio su cédula. "Yo iba, con
frecuencia, los domingos a la casa de ejercicios de San
Ignacio y tengo presente que muchas de las comidas, que
se servían allí, eran para despedir a gente que el padre Jorge
sacaba del país", señala.

Bergoglio también llegó a ocultar una biblioteca familiar
con autores marxistas. "Un día lo llamó Balestrino de Careaga para pedirle que fuera a su casa a darle la extremaunción a

un familiar, cosa que le sorprendió, porque no eran creyentes, pero una vez allí ella le dijo que el verdadero motivo era pedirle que se llevara los libros de su hija, que estaba siendo vigilada y que, luego, fue secuestrada y, finalmente, liberada (a diferencia de lo que sucedería con ella)", rememora.

En cuanto a la actitud de la Universidad Del Salvador durante la última dictadura y el papel que jugó allí el futuro cardenal, Oliveira asegura que lo que a ella le tocó vivir en esa casa de altos estudios no puede emparentarse con ninguna complicidad con la dictadura, ni mucho menos. "No sé lo que pasó en la universidad, pero muchos nos fuimos a resguardar allí", subraya. Cuenta que compartía la cátedra de derecho penal con Eugenio Zaffaroni (otro exonerado por la dictadura, pero como profesor de la UBA, que también llegó a la Corte Suprema promovido por Kirchner). Y que en sus clases hablaba con libertad. "Cuando exponía sobre la ley de ordalía (las terribles pruebas para establecer la culpabilidad o inocencia en la Edad Media) los alumnos me decían que eso era horroroso y yo, entonces, les contaba lo que estaba pasando en el país; Bergoglio me marcaba que los militares iban a venir a buscarme con el Falcón verde", recuerda.

Con su compañero de cátedra, Oliveira vivió un episodio que para ella es muy ilustrativo de la posición de Bergoglio frente a la dictadura. Hacia el final del gobierno militar, en la etapa preelectoral, Zaffaroni se enteró que el jurista Charles Moyer —ex secretario de la Corte Interamericana de Derechos Humanos— quería venir al país para convencer a los candidatos sobre la importancia de que la Argentina adhiriera a la Convención Interamericana de Derechos Humanos (Pacto de San José de Costa Rica). Dado que, en ese momento, estaba cumpliendo funciones en la sede de la

OEA en Washington, su secretario general, el argentino Alejandro Orfila, al enterarse de su propósito, lo amenazó con despedirlo si viajaba a Buenos Aires. "Es que Orfila tenía intereses muy grandes con la dictadura", acota Oliveira. Entonces, Zaffaroni le preguntó a ella qué podían hacer para que igual viniera, pero con un motivo falso. Oliveira recuerda: "¿Qué hice? Recurrí, claro, a don Jorge, que me dijo que no me preocupara. Al poco tiempo, cayó con una carta en la que la universidad invitaba a Moyer a dar una charla sobre el procedimiento de la Corte Interamericana de Derechos Humanos... ¡Una cosa aburridísima! Para la ocasión, se convocó a los profesores de derecho internacional. Bergoglio me pidió que ni pasara por la puerta. El gringo no sabía de qué hablar. Después, discretamente, lo llevamos a ver a los candidatos. Fue patético: casi nadie conocía el Pacto de San José de Costa Rica. A su regreso, Moyer le envió a Bergoglio una carta de agradecimiento. Y Raúl Alfonsín, ni bien asumió, ratificó el pacto."

De todas maneras, Oliveira —crítica de la actuación de muchos obispos durante la dictadura— admite que siempre flotará el interrogante acerca de si los miembros del clero, que se ocuparon personalmente de víctimas de la represión ilegal, siguieron la mejor estrategia al privilegiar por las gestiones reservadas, en vez de la denuncia pública ¿Era lo más conveniente para la seguridad de las víctimas? ¿Un superior de una comunidad religiosa, podía "cortarse solo" y salir a la palestra? "La verdad es que no sé qué hubiera sido lo mejor, ni cómo se manejan los diversos estamentos de la Iglesia". Con todo, considera que las legítimas dudas —surgidas, muchas veces, desde la perspectiva que brinda el paso del tiempo— sobre el camino que se siguió, no invalidan comportamientos como el de

Bergoglio. Ni mucho menos, dejan lugar a acusaciones infundadas. Por eso, Oliveira califica como "una operación de inteligencia bazofia" el que se haya enviado al correo electrónico de los cardenales, que se aprestaban a elegir al sucesor de Juan Pablo II, el artículo donde se denunciaba su supuesta complicidad con la dictadura. Sobre todo porque —según asegura— el periodista que lo escribió "había redactado otro, unos años atrás, donde decía cosas bien distintas, donde decía la verdad".

No obstante, admite que se sintió aliviada al enterarse de que Bergoglio no fuera electo Papa. "La verdad es que, si lo hubieran elegido, habría experimentado una sensación de abandono ya que para mí es casi como un hermano y, además, los argentinos lo necesitamos", concluyó.

CAPÍTULO QUINCE

Razones para confiar
en el porvenir

El siglo XX arrancó envuelto en optimismo. ¿Acaso alguien podía imaginar las dos guerras mundiales? ¿O el genocidio armenio? ¿O el Holocausto del pueblo judío? ¿O la crueldad stalinista a gran escala? Los evidentes progresos políticos, sociales, científicos y tecnológicos no alcanzaron para sacar de la penuria a vastas capas de la población mundial y posibilitar que la libertad y la justicia social dejaran de ser un bien escaso. En rigor, la brecha entre ricos y pobres se profundizó. El hombre fue protagonista de grandes hazañas, pero también autor de terribles calamidades. Las religiones debieron afrontar los desafíos de la modernidad, la amenaza de los fundamentalismos y ataques, a veces muy virulentos. La Argentina pasó de estar entre los primeros países del mundo a quedar rezagada. ¿Cómo se presenta el siglo XXI?

En la última charla, no queríamos arrastrar a nuestro interlocutor hacia el papel de adivino. Pretendíamos saber si cuenta con razones ciertas para tener esperanza, cuáles son sus principales expectativas, pero también sus grandes preocupaciones frente al futuro. ¿Es de los que piensa que todo tiempo pasado fue mejor y que el mundo va de mal en peor? ¿O se cuenta entre los que creen que la humanidad, con sus más y sus menos, vista en perspectiva, avanza irreversiblemente? ¿Vamos hacia un tiempo más religioso o lo trascendente perderá irremediablemente terreno? ¿Cuál deberá ser el papel de la Iglesia católica en la construcción de una sociedad mejor? ¿Es una utopía pensar en la reunificación del cristianismo? ¿Qué le espera a la Argentina?

—Vamos por parte. Para mí la esperanza está en la persona humana, en lo que tiene en su corazón. Creo en el hombre. No digo que es bueno o malo, sino que creo en él, en la dignidad y la grandeza de la persona. La vida nos va planteando las cuestiones morales y vamos poniendo en práctica o no los principios, porque a veces quedamos atrapados por las circunstancias y sucumbimos ante nuestras debilidades. El siglo XX tuvo muchas cosas fantásticas y otras espantosas. Ahora bien: ¿estamos mejor o peor que antes? Si uno observa la historia, nota que tiene altibajos. Por ejemplo, sobre los chinos se señala que son como un corcho: en ciertas circunstancias se hunden, pero luego vuelven a salir a flote. O sea, que siempre resurgen. Creo que esto también es aplicable, en general, a la naturaleza humana, a todas las personas y todas las sociedades.

—Convengamos que no es fácil creer en el hombre frente a lo que ocurrió en el último siglo.

—En realidad, la historia parece una calamidad, un desastre moral, un caos de posibilidades holísticas. Cuando uno ve el caso de los imperios levantados bajo la sangre de tanta gente, de pueblos enteros sometidos; cuando uno ve genocidios como el armenio, el ucraniano y el judío que ustedes mencionan... Si miramos la historia reciente y no tan reciente, es como para agarrarse la cabeza. Hoy, en la misa, leímos el pasaje del Génesis que subraya que Dios se arrepintió de haber creado al hombre por todas las maldades que había hecho. Ésa es una clave de interpretación de la historia. Claro que quien lo escribió no estaba narrando un hecho histórico, sino exponiendo una interpretación teológica de la malicia humana. Entonces, ¿qué nos está diciendo la Palabra de Dios?: que hay momentos en la historia en que la dignidad del hombre envilece. Sin embargo, después, reaparece.

—¿Cree, realmente, que su argumento resulta convincente para tanta gente que está espantada, no sólo por muchas cosas que pasaron, sino que hoy están pasando?

—No hay que asustarse por las calamidades. Me viene a la mente el personaje de Catita que interpretaba Niní Marshall. Cuando alguien le contaba una calamidad, ella expresaba: "Dígamelo a mí, señora". Uno siempre puede decir "dígamelo a mí, señora". Siempre hay una experiencia peor. ¿Qué diferencia hay entre los casos de niños sustraídos para desguazarlos y quitarles los órganos con los sacrificios de chicos que hacían otras culturas? La línea de maldad siempre estuvo, esa posibilidad del hombre de convertirse en un monstruo. Claro que, como la estamos viviendo ahora, nos duele más. Pese a todo, la historia continúa andando. El hombre sigue teniendo también actitudes altruistas, escribiendo cosas muy bellas, haciendo poesía, pintando, inventando y desarrollando la ciencia. Como creo en el futuro desde el punto de vista humano, confío más aún desde la perspectiva cristiana, a partir de la presencia de Cristo en medio nuestro.

—¿Es entonces de los que cree que la civilización progresa?

—Para responder, debo decir que hay dos clases de "incivilización". Una está dada por el caos preexistente sobre el que la ciencia (y todo lo demás) actúa, ordena y transforma, suscitándose el progreso cultural, científico, industrial... No obstante, el hombre tiene la posibilidad de crear otro caos, una segunda forma de "incivilización", si sus inventos se le escapan de las manos y termina dominado por ellos, si los descubrimientos científicos lo superan y ya no es el señor de la creación, sino un esclavo de sus propias invenciones. Basta citar cuando empieza a experimentar con genes, con clonaciones y termina, quizá, cristalizando el mito de Frankestein. O cuando hace un uso bélico de la energía atómica. O cuando se entusiasma con leyes antihumanas creyendo que son progresistas. Esa segunda forma de incultura, como digo, es la que crea las catástrofes y, en última instancia, la que lleva a las grandes derrotas del hombre que provocan que la humanidad, de alguna manera, tenga que empezar de nuevo.

—El problema es que, como la Iglesia viene advirtiendo, la ciencia avanza rápido y los principios éticos parecen debilitarse.

—Es verdad. Por eso es tan importante el diálogo ético, pero de una ética con bondad. Confieso que les tengo pánico a los intelectuales sin talento y a los eticistas sin bondad. La ética es una floración de la bondad humana. Está enraizada en la capacidad de ser bueno que tiene la persona o la sociedad. De lo contrario, se convierte en un eticismo, en una ética aparente y, en definitiva, en la gran hipocresía de la doble vida. La persona que se disfraza de ética, en el fondo, no tiene bondad. Esto puede proyectarse a las relaciones internacionales. Pensemos, por ejemplo, que el sida está diezmando a poblaciones enteras en África. Los habitantes de una parte de ese continente están condenados al exterminio en medio de cierta inacción, que lleva a sospechar acerca de si algunos están buscando que esa zona se convierta sólo en un gran pulmón de la humanidad.

—¿Le preocupa el descenso de la natalidad en el primer mundo y el aumento de la gente sola?

—Claro que me preocupa. Es una forma de suicidio social. En 2022, en Italia no tendrán ingresos suficientes en sus cajas jubilatorias, o sea, el país no contará con fondos para pagarle a los jubilados. A fines de 2007, Francia festejó que llegó a los dos hijos por mujer. Pero Italia y España tienen menos de uno por mujer. Eso significa que habrá espacios físicos y realidades sociales que serán sustituidas; implica que emergerán otras culturas y, acaso, otra civilización. La invasión de los bárbaros en el 400 será, probablemente, reemplazada por otra modalidad, pero el territorio que unos dejen lo ocuparán otros. Por las migraciones, Europa puede experimentar cambios en su cultura. Aunque, en rigor, ése no es un fenómeno nuevo. No nos olvidemos que las grandes comunidades cristianas, que existieron durante varios siglos en el norte de África, hoy no existen.

—A propósito, ¿cómo imagina el futuro de la Iglesia católica? ¿El nuevo siglo será religioso?

—La Iglesia debe estar acompañando el desarrollo de los pueblos: el existencial, el moral, el humano con todo su nuevo potencial. Tiene que hacerlo crecer en humanidad porque, en el fondo, el hombre es objeto de la Revelación de Dios, imagen de Dios. Como cristianos, no podemos abjurar de esa concepción, ni negociarla. Por lo demás, creo que el nuevo siglo será religioso. Ahora, habrá que ver de qué manera. La religiosidad, reitero, a veces viene acompañada por una especie de teísmo vago que mezcla lo psicológico con lo parapsicológico, no siempre por un verdadero y profundo encuentro personal con Dios, como los cristianos creemos que debe ser.

—¿Cree que se avanzará en la reunificación de las confesiones cristianas?

—Comienzo celebrando los pasos que se han dado y se siguen dando con el movimiento ecuménico. Católicos y evangélicos nos sentimos más cerca, conviviendo con las diferencias. Se busca una diversidad reconciliada. Yendo directamente a la pregunta: desestimo que, por ahora, se pueda pensar en la uniformidad, o en la unidad plena, sino en una diversidad reconciliada que implica un caminar juntos, orando, y trabajando juntos, y juntos buscando el encuentro en la verdad.

—¿Y cómo imagina el futuro de la Argentina?

—La sociedad tiene reservas morales, culturales… Felizmente nuestro pueblo, cuanto más sencillo, más solidario. Es cierto que, en ocasiones, se producen hechos inquietantes como, hace un tiempo, un incendio en una villa de emergencia de Buenos Aires, producto de una pelea de pobres contra pobres, que atentó contra esas reservas solidarias pero, todavía, no las perdimos. El desafío es estar alertas y contenerlas. Cuando los políticos empiezan a buscar soluciones mediante pactos, se equivocan si ellos no se asientan en la solidez de la reserva moral de nuestro pueblo. De lo contrario, constituyen un mero contrato que podemos romper cuando se nos viene en gana. Es cierto que el pueblo está vapuleado, inmerso en una situación un tanto anárquica, pero, estamos a tiempo de hacer cosas buenas por la patria porque, insisto, contamos con reservas.

—¿Por qué usa el término "patria"?

—Me gusta hablar de patria, no de país, ni de nación. El país es, en última instancia, un hecho geográfico, y la nación, un hecho legal, constitucional. En cambio, la patria es lo que otorga la identidad. De una persona que ama el lugar donde vive no se dice que es un paisista o un nacionalista, sino un patriota. *Patria* viene de *padre*; es, como ya dije, la que recibe la tradición de los padres, la lleva adelante, la hace progresar. La patria es la herencia de los padres en el ahora para llevarla adelante. Por eso, se equivocan tanto los que hablan de una patria desgajada de la herencia, como aquellos que la quieren reducir a la herencia y no la dejan crecer.

—En síntesis, tiene una visión moderadamente optimista del futuro del país y del mundo…

—Es lo que siento. Puedo equivocarme. Nosotros no lo veremos, lo verán nuestros hijos. Como aquel cuento de los dos curas que están charlando sobre un futuro concilio y uno pregunta: "¿Un nuevo concilio va a suprimir el celibato obligatorio?" Y el otro responde: "Parecería que sí". Pero el primero concluye: "De todas maneras, nosotros no lo vamos a ver; lo verán nuestros hijos." Bromas aparte, es útil no confundir optimismo con esperanza. El optimismo es una actitud psicológica frente a la vida. La esperanza va más allá. Es el ancla que uno lanza al futuro y que le permite tirar de la soga para llegar a lo que anhela. Es esforzarse en la buena dirección. Además, la esperanza es teologal: está Dios de por medio. Por todo eso, creo que la vida va a triunfar.

Una reflexión a partir del Martín Fierro

En el mensaje que dirigió a las comunidades educativas de la ciudad de Buenos Aires en torno a la Pascua de 2002, el cardenal Jorge Bergoglio efectuó una serie de reflexiones sobre la Argentina a partir del poema "Martín Fierro", que los autores decidieron incluir, a continuación, por considerar que el texto refleja, con singular agudeza e ingenio, la visión del purpurado sobre el quehacer nacional.

Martín Fierro, poema "nacional"

1. La "identidad nacional" en un mundo globalizado

Es curioso. Solamente viendo el título del libro, antes incluso de abrirlo, ya encuentro sugerentes motivos de reflexión acerca de los núcleos de nuestra identidad como Nación. *El gaucho Martín Fierro* (así se llamó el primer libro publicado, después conocido como "la Ida"), ¿qué tiene que ver el gaucho con nosotros? Si viviéramos en el campo, trabajando con los animales, o al menos en pueblos rurales, con un mayor contacto con la tierra sería más fácil comprender... En nuestras grandes ciudades, claramente, en Buenos Aires, mucha gente recordará el caballo de la calesita o los corrales de Mataderos como lo más cercano a la experiencia ecuestre que haya pasado por su vida. Y, ¿hace falta hacer notar que más del 86 % de los argentinos viven en grandes ciudades? Para la mayoría de nuestros jóvenes y niños, el mundo del *Martín Fierro* es mucho más ajeno que los escenarios místico-futuristas de los comics japoneses.

Esto está muy relacionado, por supuesto, con el fenómeno de la globalización. Desde Bangkok hasta San Pablo, desde Buenos Aires hasta Los Angeles o Sydney, muchísimos jóvenes escuchan a los mismos músicos, los niños ven los mismos dibujos animados, las familias se visten, comen y se divierten en las mismas cadenas. La producción y el comercio circulan a través de las, cada vez, más permeables fronteras nacionales. Conceptos, religiones y formas de vida se nos hacen más próximos a través de los medios de comunicación y el turismo.

Sin embargo, esta globalización es una realidad ambigua. Muchos factores parecen llevarnos a suprimir las barreras culturales que impedían el reconocimiento de la común dignidad de los seres humanos, aceptando la diversidad de condiciones, razas, sexo o cultura. Jamás la humanidad tuvo, como ahora, la posibilidad de constituir una comunidad mundial plurifacética y solidaria. Pero, por otro lado, la indiferencia reinante ante los desequilibrios sociales crecientes, la imposición unilateral de valores y costumbres por parte de algunas culturas, la crisis ecológica y la exclusión de millones de seres humanos de los beneficios del desarrollo, cuestionan seriamente esta mundialización. La constitución de una familia humana solidaria y fraterna, en este contexto, sigue siendo una utopía.

Un verdadero crecimiento en la conciencia de la humanidad no puede fundarse en otra cosa que en la práctica del diálogo y el amor. Diálogo y amor se suponen en el reconocimiento del otro como otro, la aceptación de la diversidad. Sólo así puede fundarse el valor de la comunidad: no pretendiendo que el otro se subordine a mis criterios y prioridades, no "absorbiendo" al otro, sino reconociendo como valioso lo que el otro es, y celebrando esa diversidad que nos enriquece a todos. Lo contrario es mero narcisismo, imperialismo, pura necedad.

Esto también debe leerse en la dirección inversa: ¿cómo puedo dialogar, cómo puedo amar, cómo puedo construir algo común si dejo diluirse, perderse, desaparecer lo que hubiera sido mi aporte? La globalización como imposición unidireccional y uniformante de valores, prácticas y mercancías va de la mano de la integración entendida como imitación y subordinación cultural, intelectual y espiritual. Entonces, ni profetas del aislamiento, ermitaños localistas en un mundo global, ni descerebrados y miméticos pasajeros del furgón de cola, admirando los fuegos artificiales del Mundo (de los otros) con la boca abierta y aplausos programados. Los pueblos, al integrarse al diálogo global, aportan los valores de su cultura y han de defenderlos de toda absorción desmedida o "síntesis de laboratorio" que los diluya en "lo común", "lo global". Y —al aportar esos valores— reciben de otros pueblos, con el mismo respeto y dignidad, las culturas que le son propias.

Tampoco cabe aquí un desaguisado eclecticismo porque, en este caso, los valores de un pueblo se desarraigan de la

fértil tierra que les dio y les mantiene el ser para entreverarse en
una suerte de mercado de curiosidades donde "todo es igual,
dale que va... que allá en el horno nos vamo a encontrar".

2. La Nación como continuidad
de una historia común

Sólo podemos abrir, con provecho, nuestro "poema
nacional" si caemos en la cuenta de que lo que allí se narra
tiene que ver, directamente con nosotros, aquí y ahora, y no
porque seamos gauchos o usemos poncho, sino porque el
drama que nos narra Hernández se ubica en la historia real,
cuyo devenir nos trajo hasta aquí. Los hombres y mujeres
reflejados en el tiempo del relato vivieron en esta tierra, y sus
decisiones, producciones e ideales amasaron la realidad de la
cual hoy somos parte, la que hoy nos afecta directamente.
Justamente, esa "productividad", esos "efectos", esa capacidad de ser ubicado en la dinámica real de la historia, es lo
que hace del *Martín Fierro* un "poema nacional". No la gui-
tarra, el malón y la payada.

Y aquí se hace necesaria una apelación a la conciencia. Los
argentinos tenemos una peligrosa tendencia a pensar que todo
empieza hoy, a olvidarnos de que nada nace de un zapallo, ni
cae del cielo como un meteorito. Esto ya es un problema: si
no aprendemos a reconocer y asumir los errores y aciertos del
pasado, que dieron origen a los bienes y males del presente,
estaremos condenados a la eterna repetición de lo mismo, que
—en realidad— no es nada eterna, pues la soga se puede esti-
rar sólo hasta cierto límite... Pero hay más: si cortamos la relación con el pasado, lo mismo haremos con el futuro. Ya podemos empezar a mirar a nuestro alrededor... y a nuestro interior.

¿No hubo una negación del futuro, una absoluta falta de responsabilidad por las generaciones siguientes, en la ligereza con que se trataron las instituciones, los bienes y hasta las personas de nuestro país?

Lo cierto es esto: Somos personas históricas. Vivimos en el tiempo y el espacio. Cada generación necesita de las anteriores y se debe a las que la siguen. Y eso, en gran medida, es ser una Nación: entenderse como continuadores de la tarea de otros hombres y mujeres que ya dieron lo suyo, y como constructores de un ámbito común, de una casa, para los que vendrán después.

Ciudadanos "globales", la lectura del *Martín Fierro* nos puede ayudar a "aterrizar" y acotar esa "globalidad", reconociendo los avatares de la gente que construyó nuestra nacionalidad, haciendo propios o nuestro el andar como pueblo.

3. Ser un pueblo supone, ante todo, una actitud ética, que brota de la libertad

Ante la crisis vuelve a ser necesario respondernos a la pregunta de fondo: ¿en qué se fundamenta lo que llamamos "vínculo social"? Eso que decimos que está en serio riesgo de perderse, ¿qué es, en definitiva? ¿Qué es lo que me "vincula", me "liga", a otras personas en un lugar determinado, hasta el punto de compartir un mismo destino?

Permítanme adelantar la respuesta: se trata de una cuestión ética. El fundamento de la relación entre la moral y lo social se halla, justamente, en ese espacio (tan esquivo, por otra parte) en que el hombre es hombre en la sociedad, animal político, como dirían Aristóteles y toda la tradición republicana clásica. Es esta naturaleza social del hombre la que fundamenta la posibilidad de un contrato entre los individuos libres, como propone la tradición democrática liberal (tradiciones tantas veces opuestas, como lo demuestran multitud de enfrentamientos en nuestra historia). Entonces, plantear la crisis como un problema moral supondrá la necesidad de volver a referirse a los valores humanos, universales, que Dios ha sembrado en el corazón del hombre, y que van madurando con el crecimiento personal y comunitario. Cuando los obispos repetimos, una y otra vez, que la crisis es fundamentalmente moral, no se trata de esgrimir un moralismo barato, una reducción de lo político, lo social y lo económico a una cuestión individual de la conciencia. Eso sería "moralina".

No estamos "llevando agua para el propio molino" (dado que la conciencia y lo moral es uno de los campos donde la Iglesia tiene competencia más propiamente), sino intentando apuntar a las valoraciones colectivas que se han expresado en actitudes, acciones y procesos de tipo histórico-político y social.

Las acciones libres de los seres humanos, además de su peso en lo que hace a la responsabilidad individual, tienen consecuencias de largo alcance: generan estructuras que permanecen en el tiempo, difunden un clima en el cual determinados valores pueden ocupar un lugar central en la vida pública o quedar marginados de la cultura vigente. Y esto también cae dentro del ámbito moral. Por eso, debemos reencontrar el modo particular que nos hemos dado, en nuestra historia, para convivir, formar una comunidad.

Desde este punto de vista, retomemos el poema. Como todo relato popular, *Martín Fierro* comienza con una descripción del "paraíso original".

Pinta una realidad idílica, en la cual el gaucho vive con el ritmo calmo de la naturaleza, rodeado de sus afectos, trabajando con alegría y habilidad, divirtiéndose con sus compañeros, integrado en un modo de vida sencillo y humano. ¿A qué apunta este escenario?

En primer lugar, no movió al autor una especie de nostalgia por el "Edén gauchesco perdido". El recurso literario de pintar una situación ideal al comienzo no es más que una presentación inicial del mismo ideal. El valor a plasmar no está atrás, en el "origen", sino adelante, en el proyecto. En el origen está la dignidad de hijo de Dios, la vocación, el llamado a plasmar un proyecto.

Se trata de "poner el final al principio" (idea, por otro lado, profundamente bíblica y cristiana). La dirección que otorguemos a nuestra convivencia tendrá que ver con el tipo de sociedad que queramos formar: es el telostipo. Ahí está la clave del talante de un pueblo. Ello no significa ignorar los elementos biológicos, psicológicos y psicosociales que influyen en el campo de nuestras decisiones. No podemos evitar cargar (en el sentido negativo de límites, condicionamientos, lastres, pero también en el positivo de llevar con nosotros, incorporar, sumar, integrar) con la herencia recibida, las conductas, preferencias y valores que se han ido constituyendo a lo largo del tiempo. Pero una perspectiva cristiana (y éste es uno de los aportes del cristianismo a la humanidad en su conjunto) sabe valorar tanto "lo dado", lo que ya está en el hombre y no puede ser de otra forma, como lo que brota de su libertad, de su apertura a lo nuevo; en definitiva, de su espíritu como dimensión trascendente, de acuerdo siempre con la virtualidad de "lo dado".

Ahora bien: los condicionamientos de la sociedad y la forma que adquirieron, así como los hallazgos y creaciones del espíritu en orden a la ampliación del horizonte de lo humano siempre más allá, junto a la ley natural ínsita en nuestra conciencia se ponen en juego y se realizan concretamente en el tiempo y el espacio: en una comunidad concreta, compartiendo una tierra, proponiéndose objetivos comunes, construyendo un modo propio de ser humanos, de cultivar los múltiples vínculos, juntos, a lo largo de tantas experiencias compartidas, preferencias, decisiones y acontecimientos. Así se amasa una ética común y la apertura hacia un destino de plenitud que define al hombre como ser espiritual.

Esa ética común, esa "dimensión moral", es la que permite a la multitud desarrollarse junta, sin convertirse en enemigos unos de otros. Pensemos en una peregrinación: salir de un lugar y dirigirse al mismo destino permite a la columna mantenerse como tal, más allá del distinto ritmo o paso de cada grupo o individuo.

Sinteticemos, entonces, esta idea. ¿Qué es lo que hace que muchas personas formen un pueblo? En primer lugar, hay una ley natural y luego una herencia. En segundo lugar, hay un factor psicológico: el hombre se hace hombre (cada individuo o la especie en su evolución) en la comunicación, la relación, el amor con sus semejantes. En la palabra y el amor. Y en tercer lugar, estos factores biológicos y psicológicos-evolutivos se actualizan, se ponen realmente en juego, en las actitudes libres, en la voluntad de vincularnos con los demás de determinada manera, de construir nuestra vida con nuestros semejantes en un abanico de preferencias y prácticas compartidas (San Agustín definía al pueblo como "un conjunto de seres racionales asociados por la concorde comunidad de objetos amados").

Lo "natural" crece en "cultural", "ético"; el instinto gregario adquiere forma humana en la libre elección de ser un "nosotros". Elección que, como toda acción humana, tiende luego a hacerse hábito (en el mejor sentido del término), a generar sentimiento arraigado y a producir instituciones históricas, hasta el punto que cada uno de nosotros viene a este mundo en el seno de una comunidad ya constituida (la familia, la "patria") sin que eso niegue la libertad responsable de cada persona. Y todo ello tiene su sólido fundamento en los valores que Dios imprimió a nuestra naturaleza humana, en el hálito divino que nos anima desde dentro y que nos hace hijos de Dios. Esa ley natural que nos fue regalada e impresa para que "se consolide a través de las edades, se desarrolle con el correr de los años y crezca con el paso del tiempo"[2]. Esta ley natural, que —a lo largo de la historia y de la vida— ha de consolidarse, desarrollarse y crecer es la que nos salva del así llamado relativismo de los valores consensuados. Los valores no pueden consensuarse: simplemente, son.

En el juego acomodaticio de "consensuar valores" se corre siempre el riesgo, que es resultado anunciado, de "nivelar hacia abajo". Entonces, ya no se construye desde lo sólido, sino que se entra en la violencia de la degradación. Alguien dijo que nuestra civilización, además de ser una civilización del descarte es una civilización "biodegradable".

Volviendo a nuestro poema: el *Martín Fierro* no es la *Biblia*, por supuesto. Pero es un texto en el cual, por diversos motivos, los argentinos hemos podido reconocernos, un soporte para contarnos algo de nuestra historia y soñar con nuestro futuro:

---

2. Véase Vicente de Lerins, Primer Conmonitorio, cap. 23.

Yo he conocido esta tierra
en que el paisano vivía
y su ranchito tenía
y sus hijos y mujer.
Era una delicia ver
cómo pasaba sus días.

Ésta es, entonces, la "situación inicial", en la cual se desencadena el drama. El *Martín Fierro* es, ante todo, un poema incluyente. Todo se verá luego trastocado por una especie de vuelta del destino, encarnado, entre otros, en el Juez, el Alcalde, el Coronel. Sospechamos que este conflicto no es meramente literario. ¿Qué hay detrás del texto?

Martín Fierro, poema "incluyente"

1. Un país moderno, pero para todos

Antes que un "poema épico" abstracto, *Martín Fierro* es una obra de denuncia, con una clara intención: oponerse a la política oficial y proponer la inclusión del gaucho dentro del país que se estaba construyendo:

Es el pobre en su orfandá
de la fortuna el desecho
porque naides toma a pecho
el defender a su raza.
Debe el gaucho tener casa,
Escuela, Iglesia y derechos.

Y Martín Fierro cobró vida más allá de la intención del autor, convirtiéndose en el prototipo del perseguido por un sistema injusto y excluyente. En los versos del poema se hizo carne cierta sabiduría popular recibida del ambiente, y así en Fierro habla no sólo la conveniencia de promover una mano de obra barata, sino la dignidad misma del hombre en su tierra, haciéndose cargo de su destino a través del trabajo, el amor, la fiesta y la fraternidad.

A partir de aquí, podemos empezar a avanzar en nuestra reflexión. Nos interesa saber dónde apoyar la esperanza, desde dónde reconstruir los vínculos sociales que se han visto tan castigados en estos tiempos. El cacerolazo fue como un chispazo autodefensivo, espontáneo y popular (aunque forzar su reiteración en el tiempo le hace perder las notas de su contenido original).

Sabemos que no alcanzó con golpear las cacerolas: hoy lo que más urge es tener con qué llenarlas. Debemos recuperar organizada y creativamente el protagonismo al que nunca debimos renunciar, y por ende, tampoco podemos ahora volver a meter la cabeza en el hoyo, dejando que los dirigentes hagan y deshagan. Y no podemos por dos motivos: porque ya vimos lo que pasa cuando el poder político y económico se desliga de la gente, y porque la reconstrucción no es tarea de algunos sino de todos, así como la Argentina no es sólo la clase dirigente, sino todos y cada uno de los que viven en esta porción del planeta.

¿Entonces, qué? Me resulta significativo el contexto histórico del *Martín Fierro*: una sociedad en formación, un proyecto que excluye a un importante sector de la población, condenándolo a la orfandad y a la desaparición, y una propuesta de inclusión. ¿No estamos hoy en una situación similar? ¿No hemos sufrido las consecuencias de un modelo de país armado en torno a determinados intereses económicos, excluyente de las mayorías, generador de pobreza y marginación, tolerante con todo tipo de corrupción, mientras no se tocaran los intereses del poder más concentrado? ¿No hemos formado parte de ese sistema perverso, aceptando, en parte, sus principios mientras no tocaran nuestro bolsillo, cerrando los ojos ante los que iban quedando fuera y cayendo ante la aplanadora de la injusticia, hasta que esta última, prácticamente, nos expulsó a todos?

Hoy debemos articular, sí, un programa económico y social, pero fundamentalmente un proyecto político en su sentido más amplio.

¿Qué tipo de sociedad queremos? *Martín Fierro* orienta nuestra mirada nuestra vocación como pueblo, como Nación. Nos invita, a darle forma a nuestro deseo de una sociedad donde todos tengan lugar: el comerciante porteño, el gaucho del litoral, el pastor del norte, el artesano del Noroeste, el aborigen y el inmigrante, en la medida en que ninguno de ellos quiera quedarse él solo con la totalidad, expulsando al otro de la tierra.

2. *Debe el gaucho tener Escuela...*

Durante décadas, la escuela fue un importante medio de integración social y nacional. El hijo del gaucho, el migrante del interior, que llegaba a la ciudad, y hasta el extranjero, que desembarcaba en esta tierra, encontraron, en la educación básica, los elementos que les permitieron trascender la particularidad de su origen para buscar un lugar en la construcción común de un proyecto.

También hoy, desde la pluralidad enriquecedora de propuestas educadoras, debemos volver a apostar: a la educación, todo.

Recién en los últimos años, y de la mano de una idea de país que ya no se preocupaba demasiado por incluir a todos e, incluso, no era capaz de proyectar a futuro, la institución educativa vio decaer su prestigio, debilitarse sus apoyos y recursos, y desdibujarse su lugar en el corazón de la sociedad. El conocido latiguillo de la "escuela shopping" no apunta sólo a criticar algunas iniciativas puntuales que pudimos presenciar. Pone en tela de juicio toda una concepción, según la cual la sociedad es Mercado y nada más. De este modo, la escuela tiene el mismo lugar que cualquier otro emprendimiento lucrativo. Y, debemos recordar, una y otra vez, que no ha sido ésta la idea que desarrolló nuestro sistema educativo y que, con errores y aciertos, contribuyó a la formación de una comunidad nacional.

En este punto, los cristianos hemos hecho un aporte innegable desde hace siglos. No es aquí mi intención entrar en polémicas y diferencias que suelen consumir muchos esfuerzos. Simplemente, pretendo llamar la atención de todos y, en particular, de los educadores católicos, respecto de la importantísima tarea que tenemos entre manos.

Depreciada, devaluada y hasta atacada por muchos, la tarea cotidiana de todos aquellos que mantienen en funcionamiento las escuelas, enfrentando dificultades de todo tipo, con bajos sueldos y dando mucho más de lo que reciben, sigue siendo uno de los mejores ejemplos de aquello a lo cual hay que volver a apostar, una vez más: la entrega personal a un proyecto de un país para todos. Proyecto que, desde lo educativo, lo religioso o lo social, se torna político en el sentido más alto de la palabra: construcción de la comunidad.

Este proyecto político de inclusión no es tarea sólo del partido gobernante, ni siquiera de la clase dirigente en su conjunto, sino de cada uno de nosotros. El "tiempo nuevo" se gesta desde la vida concreta y cotidiana de cada uno de los miembros de la Nación, en cada decisión ante el prójimo, ante las propias responsabilidades, en lo pequeño y en lo grande, cuanto más en el seno de las familias y en nuestra cotidianeidad escolar o laboral.

Mas Dios ha de permitir
que esto llegue a mejorar
pero se ha de recordar
para hacer bien el trabajo
que el fuego pa calentar
debe ir siempre por abajo.

Pero esto merece una reflexión más completa.

Martín Fierro, compendio de ética cívica

Seguramente, tampoco a Hernández se le escapaba que los gauchos "verdaderos", los de carne y hueso, no se iban a comportar tampoco como "señoritos ingleses" en la "nueva sociedad a fraguar".

Provenientes de otra cultura, sin alambrado, acostumbrados a décadas de resistencia y lucha, ajenos en un mundo que se iba construyendo con parámetros muy distintos a los que ellos habían vivido, también ellos deberían realizar un importante esfuerzo para integrarse, una vez que se les abrieran las puertas.

I. Los recursos de la cultura popular

La segunda parte de nuestro "poema nacional" pretendió ser una especie de "manual de virtudes cívicas" para el gaucho, una "llave" para integrarse en la nueva organización nacional.

Y en lo que explica mi lengua
todos deben tener fe.
Ansí, pues, entiéndanme,
con codicias no me mancho.
No se ha de llover el rancho
en donde este libro esté.

Martín Fierro está repleto de los elementos que el mismo Hernández había mamado de la cultura popular, elementos que, junto con la defensa de algunos derechos concretos e inmediatos, le valieron la gran adhesión que pronto recibió. Es más: con el tiempo, generaciones y generaciones de argentinos releyeron a Fierro... y lo reescribieron, poniendo sobre sus palabras las muchas experiencias de lucha, las expectativas, las búsquedas, los sufrimientos... *Martín Fierro* creció para representar al país decidido, fraterno, amante de la justicia, indomable. Por eso todavía hoy tiene algo que decir. Es por eso que aquellos "consejos" para "domesticar" al gaucho trascendieron con mucho el significado con que fueron escritos y siguen hoy siendo un espejo de virtudes cívicas no abstractas, sino profundamente encarnadas en nuestra historia. A esas virtudes y valores, vamos a prestarles atención ahora.

2. Los consejos de Martín Fierro

Los invito a leer una vez más este poema. Háganlo no con un interés sólo literario, sino como una forma de dejarse hablar por la sabiduría de nuestro pueblo, que ha sido plasmada en esta obra singular. Más allá de las palabras, más allá de la historia, verán que lo que queda latiendo en nosotros es una especie de emoción, un deseo de torcerle el brazo a toda injusticia y mentira y seguir construyendo una historia de solidaridad y fraternidad, en una tierra común donde todos podamos crecer como seres humanos. Una comunidad donde la libertad no sea un pretexto para faltar a la justicia, donde la ley no obligue sólo al pobre, donde todos tengan su lugar. Ojalá sientan lo mismo que yo: que no es un libro que habla del pasado, sino, más bien, del futuro que podemos construir. No voy a prolongar este mensaje —ya muy extenso— con el desarrollo de los muchos valores que Hernández pone en boca de Fierro y otros personajes del poema. Simplemente, los invito a profundizar en ellos, a través de la reflexión y, por qué no, de un diálogo en cada una de nuestras comunidades educativas. Aquí, presentaré solamente algunas de las ideas que podemos rescatar, entre muchas.

2.1. Prudencia o "picardía": obrar desde la verdad y el bien... o por conveniencia.

Nace el hombre con la astucia
que ha de servirle de guía.
Sin ella sucumbiría,
pero sigún mi experiencia

se vuelve en unos prudencia
y en los otros picardía.

Hay hombres que de su cencia
tienen la cabeza llena;
hay sabios de todas menas,
mas digo sin ser muy ducho,
es mejor que aprender mucho
el aprender cosas buenas.

Un punto de partida. "Prudencia" o "picardía" como formas de organizar los propios dones y la experiencia adquirida. Un actuar adecuado, conforme a la verdad y al bien posibles aquí y ahora, o la consabida manipulación de informaciones, situaciones e interacciones desde el propio interés.

Mera acumulación de ciencia (utilizable para cualquier fin) o verdadera sabiduría, que incluye el "saber" en su doble sentido, conocer y saborear, y que se guía tanto por la verdad como por el bien. "Todo me es permitido, pero no todo me conviene", diría San Pablo. ¿Por qué? Porque, además de mis necesidades, apetencias y preferencias, están las del otro. Y lo que satisface a uno a costa del otro termina destruyendo a uno y otro.

2.2. La jerarquía de los valores y la ética exitista del "ganador".

Ni el miedo ni la codicia
es bueno que a uno lo asalten.
Ansí no se sobresalten

por los bienes que perezcan.
Al rico nunca le ofrezcan
y al pobre jamás le falten.

Lejos de invitarnos a un desprecio de los bienes materiales como tales, la sabiduría popular, que se expresa en estas palabras, considera los bienes perecederos como medio, herramienta para la realización de la persona en un nivel más alto. Por eso, prescribe no ofrecerle al rico (comportamiento interesado y servil que sí recomendaría la "picardía" del Viejo Vizcacha) y no mezquinarle al pobre (que sí necesita de nosotros y, como dice el Evangelio, no tiene nada con que pagarnos). La sociedad humana no puede ser una "ley de la selva" en la cual cada uno trate de manotear lo que pueda, cueste lo que costare. Y ya sabemos, demasiado dolorosamente, que no existe ningún mecanismo "automático" que asegure la equidad y la justicia. Sólo una opción ética convertida en prácticas concretas, con medios eficaces, es capaz de evitar que el hombre sea depredador del hombre. Pero esto es lo mismo que postular un orden de valores que es más importante que el lucro personal y, por lo tanto, un tipo de bienes que es superior a los materiales. Y no estamos hablando de cuestiones que exijan determinada creencia religiosa para ser comprendidas: nos referimos a principios como la dignidad de la persona humana, la solidaridad, el amor.

"Ustedes me llaman Maestro y Señor;
y tienen razón, porque lo soy.
Si yo que soy Señor y Maestro,
les he lavado los pies,

ustedes también deben lavarse los pies unos a
otros.
Les he dado el ejemplo,
para que hagan lo mismo que yo hice con
ustedes."
Jn 13,13-15

Una comunidad que deje de arrodillarse ante la riqueza, el éxito y el prestigio y que sea capaz, por el contrario, de lavar los pies de los humildes y necesitados sería más acorde con esta enseñanza que la ética del "ganador" (a cualquier precio) que hemos malaprendido en tiempos recientes.

2.3. El trabajo y la clase de persona que queremos ser

El trabajar es la ley
porque es preciso alquirir.
No se espongan a sufrir
una triste situación.
Sangra mucho el corazón
del que tiene que pedir.

¿Hacen falta comentarios? La historia ha marcado a fuego en nuestro pueblo el sentido de la dignidad del trabajo y el trabajador. ¿Existe algo más humillante que la condena a no poder ganarse el pan? ¿Hay forma peor de decretar la inutilidad e inexistencia de un ser humano? ¿Puede una sociedad, que acepta tamaña iniquidad escudándose en abstractas consideraciones técnicas, ser camino para la realización del ser humano?

Pero este reconocimiento, que todos declamamos, no termina de hacerse carne. No sólo por las condiciones objetivas que generan el terrible desempleo actual (condiciones que, nunca hay que callarlo, tienen su origen en una forma de organizar la convivencia que pone la ganancia por encima de la justicia y el derecho), sino también por una mentalidad de "viveza" (¡también criolla!) que ha llegado a formar parte de nuestra cultura. "Salvarse" y "zafar"... por el medio más directo y fácil posible. "La plata trae la plata"... "nadie se hizo rico trabajando"... creencias que han ido abonando una cultura de la corrupción que tiene que ver, sin duda, con esos "atajos", por los cuales muchos han tratado de sustraerse a la ley de ganar el pan con el sudor de la frente.

2.4. El urgente servicio a los más débiles

La cigüeña cuando es vieja
pierde la vista, y procuran
cuidarla en su edá madura
todas sus hijas pequeñas.
Apriendan de las cigüeñas
este ejemplo de ternura.

En la ética de los "ganadores", lo que se considera inservible, se tira. Es la civilización del "descarte". En la ética de una verdadera comunidad humana, en ese país que quisiéramos tener y que podemos construir, todo ser humano es valioso, y los mayores lo son a título propio, por muchas razones: por el deber de respeto filial ya presente en el Decálogo bíblico; por el indudable derecho de descansar en el seno de su comunidad que se ha ganado aquél que ha vivido, sufrido y ofrecido lo suyo; por el aporte que sólo él puede dar todavía a su sociedad, ya que, como pronuncia el mismo Martín Fierro, *es de la boca del viejo / de ande salen las verdades.*

No hay que esperar hasta que se reconstituya el sistema de seguridad social actualmente destruido por la depredación: mientras tanto, hay innumerables gestos y acciones de servicio a los mayores que estarían al alcance de nuestra mano con una pizca de creatividad y buena voluntad. Y del mismo modo, no podemos dejar de volver a considerar las posibilidades concretas que tenemos de hacer algo por los niños, los enfermos, y todos aquellos que sufren por diversos motivos. La convicción de que hay cuestiones "estructurales", que tienen que ver con la sociedad en su conjunto y con el mismo Estado, de ningún modo nos exime de nuestro aporte personal, por más pequeño que sea.

2.5. Nunca más el robo, la coima y el "no te metás"

Ave de pico encorvado
le tiene al robo afición.
pero el hombre de razón
no roba jamás un cobre,
pues no es vergüenza ser pobre
y es vergüenza ser ladrón.

Quizás, en nuestro país, esta enseñanza haya sido de las más olvidadas. Pero más allá de ello, además de no permitir ni justificar nunca más el robo y la coima, tendríamos que dar pasos más decididos y positivos. Por ejemplo, preguntarnos no sólo qué cosas ajenas no tenemos que tomar, sino más bien qué podemos aportar. ¿Cómo podríamos formular que, también, son "vergüenza" la indiferencia, el individualismo, el sustraer (robar) el propio aporte a la sociedad para quedarse sólo con una lógica de "hacer la mía"?

> *Pero el doctor de la Ley, para justificar su intervención, le hizo esta pregunta: "¿y quién es mi prójimo?" Jesús volvió a tomar la palabra y le respondió: un hombre bajaba de Jerusalén a Jericó y cayó en manos de unos ladrones, que lo despojaron de todo, lo hirieron y se fueron, dejándolo medio muerto. Casualmente bajaba por el mismo camino un sacerdote: lo vio y siguió de largo. También pasó por allí un levita: lo vio y siguió de largo. Pero un samaritano que viajaba por allí, al pasar junto a él, lo vio y se conmovió. Entonces, se acercó y vendó sus heridas, cubriéndolas con aceite y vino; después lo puso sobre su propia montadura, lo condujo a un albergue y se encargó de cuidarlo. Al día siguiente, sacó dos denarios y se los dio al dueño del albergue, diciéndole: "Cuídalo, y lo que gastes de más, te lo pagaré al volver."¿Cuál de los tres te parece que se portó como prójimo del hombre asaltado por los ladrones?. El que tuvo compasión de él, le respondió el doctor. Y Jesús le dijo: "Ve, procede tú de la misma manera."*
> Lc 10,29-37

2.6. Palabras vanas, palabras verdaderas

Procuren, si son cantores,
el cantar con sentimiento.
No tiemplen el estrumento
por solo el gusto de hablar
y acostúmbrense a cantar
en cosas de jundamento.

Comunicación, hipercomunicación, incomunicación. ¿Cuántas palabras "sobran" entre nosotros? ¿Cuánta habladuría, cuánta difamación, cuánta calumnia? ¿Cuánta superficialidad, banalidad, pérdida de tiempo? Un don maravilloso, como es la capacidad de comunicar ideas y sentimientos, que no sabemos valorar ni aprovechar en toda su riqueza.

¿No podríamos proponernos evitar todo "canto" que sólo sea "por el gusto de hablar"? ¿Sería posible que estuviéramos más atentos a lo que decimos de más y a lo que decimos de menos, particularmente quienes tenemos la misión de enseñar, hablar, comunicar?

Conclusión: palabra y amistad

Finalmente, citemos aquella estrofa en la cual hemos visto tan reflejado el mandamiento del amor en circunstancias difíciles para nuestro país. Aquella estrofa que se ha convertido en lema, en programa, en consigna, pero que debemos recordar una y otra vez:

Los hermanos sean unidos,
porque esa es la ley primera.
Tengan unión verdadera
en cualquier tiempo que sea,
porque si entre ellos pelean
los devoran los de ajuera

Estamos en una instancia crucial de nuestra Patria. Crucial y fundante: por eso mismo, llena de esperanza. La esperanza está tan lejos del facilismo como de la pusilanimidad. Exige lo mejor de nosotros mismos en la tarea de reconstruir lo común, lo que nos hace un pueblo.

Estas reflexiones han pretendido solamente despertar un deseo: el de poner manos a la obra, animados e iluminados por nuestra propia historia, el de no dejar caer el sueño de una Patria de hermanos que guió a tantos hombres y mujeres en esta tierra.

¿Qué dirán de nosotros las generaciones venideras? ¿Estaremos a la altura de los desafíos que se nos presentan? ¿Por qué no?, es la respuesta.

Sin grandilocuencias, sin mesianismos, sin certezas imposibles, se trata de volver a bucear valientemente en nuestros ideales, en aquellos que nos guiaron en nuestra historia y de empezar, ahora mismo, a poner en marcha otras posibilidades otros valores, otras conductas.

Casi como una síntesis, me sale al paso el último verso que citaré del Martín Fierro, un verso que Hernández pone en boca del hijo mayor del gaucho en su amarga reflexión sobre la cárcel:

Pues que de todos los bienes,
en mi inorancia lo infiero,
que le dio al hombre altanero
Su Divina Magestá,
la palabra es el primero,
el segundo es la amistá.

La palabra que nos comunica y vincula, haciéndonos compartir ideas y sentimientos, siempre y cuando hablemos con la verdad, siempre, sin excepciones. La amistad, incluso la amistad social, con su "brazo largo" de la justicia, que constituye el mayor tesoro, aquel bien que no se puede sacrificar por ningún otro, lo que hay que cuidar por sobre todas las cosas.

Palabra y amistad. *"La Palabra se hizo carne y habitó entre nosotros"(Jn 1,14).* No hizo rancho aparte; se hizo amigo nuestro. *"No hay amor más grande que dar la vida por los amigos. Ustedes son mis amigos si hacen lo que les mando. Ya no los llamo servidores, porque el servidor ignora lo que hace su señor; yo los llamo amigos, porque les he dado a conocer todo lo que oí de mi Padre" (Jn 15,13-15).* Si empezamos, ya mismo, a valorar estos dos bienes, otra puede ser la historia de nuestro país.

Concluyamos poniendo estos deseos en las manos del Señor con la oración por la Patria que nos han ofrecido los obispos argentinos:

Jesucristo, Señor de la historia, te necesitamos
Nos sentimos heridos y agobiados.
Precisamos tu alivio y fortaleza.
Queremos ser una nación,
una nación, cuya identidad sea la pasión por la verdad
y el compromiso por el bien común.

Danos la valentía de la libertad de los hijos de Dios,
para amar a todos, sin excluir a nadie,
privilegiando a los pobres y perdonando a que nos ofenden,
aborreciendo el odio y construyendo la paz.

Concédenos la sabiduría del diálogo y la
alegría de la esperanza que no defrauda.
Tú nos convocas. Aquí estamos Señor,
cercanos a María,
que, desde Luján, nos dice:
¡Argentina! ¡Canta y camina!
Jesucristo, Señor de la historia, te necesitamos.
Amén.

Buenos Aires, Pascua de 2002